Mathias Bröckers

KEINE ANGST VOR HANF!

Warum Cannabis legalisiert werden muss

WESTEND

Mehr über unsere Autoren und Bücher:
www.westendverlag.de

Die Deutsche Nationalbibliothek verzeichnet diese
Publikation in der Deutschen Nationalbibliografie;
detaillierte bibliografische Daten sind im Internet über
http://dnb.d-nb.de abrufbar.

ISBN 978-3-86489-071-0
© Westend Verlag GmbH, Frankfurt/Main 2014
Umschlaggestaltung: Buchgut, Berlin
Satz: Publikations Atelier, Dreieich
Druck und Bindung: CPI – Clausen & Bosse, Leck
Printed in Germany

WESTEND

Mathias Bröckers ist freier Journalist, der unter anderem
für die *taz* und *Telepolis* schreibt und bei der *taz* derzeit für
die Blogs und das Online-Marketing zuständig ist.
Sein Buch *Die Wiederentdeckung der Nutzpflanze Hanf*,
1993 erstmals erschienen, liegt inzwischen in der
42. Druckauflage vor. Zuletzt erschien von ihm im
Westend Verlag *11.9. – Zehn Jahre danach* (2011) und
JFK – Staatsstreich in Amerika (2013).

Inhalt

Einleitung: Warum Cannabis legalisiert werden muss

Es reicht! Mehr als 80 Jahre Prohibition, mehr als 130 000 Strafverfahren pro Jahr in Deutschland, Milliarden in einem unwirksamen »Krieg gegen Drogen« verschwendete D-Mark und Euro sind genug. Dass der Kollateralschaden dieses Kriegs sehr viel größer ist als sein Nutzen, dass Strafrecht und Kriminalisierung das »Drogenproblem« nicht lösen können und die Politik der Prohibition auf der ganzen Linie gescheitert ist, diese Erkenntnis ist mittlerweile von Gremien der Vereinten Nationen bis in die Bezirksparlamente deutscher Großstädte durchgedrungen. Sie wird von Vertretern der Ärzteschaft ebenso geteilt wie von Polizeipräsidenten, von Studenten ebenso wie von Professoren. So appellierten 120 Strafrechtslehrer im Herbst 2013 mit einer Resolution an die Bundesregierung, das Betäubungsmittelgesetz zu reformieren. Auch vielen Politikern, Entscheidungsträgern, Medienleuten quer durch alle Parteien und weltanschauliche Lager ist das fatale Scheitern des »war on drugs« sehr wohl bewusst, doch in der Regel fordern sie sein Ende erst dann, wenn sie ihre Ämter als Präsidenten oder Minister bereits aufgegeben haben.

Das Dogma der Prohibition anzugreifen scheint noch immer Gift für politische Karrieren zu sein. Dieses Tabu muss fallen. Statt irrational weiter auf einem destruktiven Irrweg zu beharren, muss eine schadensmindernde Vernunft die

Perspektive der Drogenpolitik bestimmen. Statt Durchhalteparolen eines nicht zu gewinnenden Drogenkriegs – »Was verboten ist, bleibt verboten«, verkündete die neue bestallte Bundesdrogenbeauftragte im Februar 2014 ganz in diesem Sinne bei ihrem Antrittsinterview der *Frankfurter Allgemeinen Zeitung* – müssen wissenschaftlich fundierte Abwägungen über Kosten und Nutzen, über Gefahrenpotential und Regulierungsbedarf in den Diskurs und in die Gesetzgebung einfließen. Statt dem Wildwuchs des Schwarzmarkts und der organisierten Kriminalität das Feld zu überlassen, müssen Jugend- und Verbraucherschutz endlich ernst genommen und durch einen regulierten Markt garantiert werden. Und der Anfang muss mit der am weitesten verbreiteten illegalisierten Substanz gemacht werden: mit Hanf/Cannabis/Marihuana. Dies ist nicht ein »falsches Signal«, wie es die neue Drogenbeauftragte in dem oben erwähnten Interview verkündet, es ist das einzig Richtige, denn es signalisiert den Abschied von einer definitiv gescheiterten Politik und dem fatalen Irrglauben, mithilfe von Strafrecht, Polizei und Gefängnis eine drogenfreie Gesellschaft schaffen zu können.

Die Einsicht, dass die Prügelstrafe keine geeignete Methode ist, um die Befähigung zum Rechnen, Lesen und Schreiben zu fördern, ist noch nicht sehr lange selbstverständlich. In Bayern wurden als letztem Bundesland erst 1980 körperliche Züchtigungen im Klassenzimmer gesetzlich abgeschafft. Dass für die Erziehung einer Gesellschaft (und jedes einzelnen) mit berauschenden Substanzen dasselbe gilt und dass Kriminalisierung und Prohibition keine geeigneten Mittel sind – auch diese Einsichten müssen zu einer Selbstverständlichkeit werden. Und an keinem Punkt lässt sich diese Notwendigkeit klarer verdeutlichen als am

Verbot des Hanfs und den nach wie vor weitreichenden Widerständen und tiefsitzenden Ängsten vor der Legalisierung einer Pflanze, die seit tausenden von Jahren auch in Deutschland heimisch ist und mit der es bis zur Erfindung der Prohibition nie irgendein Problem gab.

Im Gegenteil: »Mancher Schad' ist nicht zu heilen durch die Kräuter dieser Welt, Hanf hat viel verzweifelt Böses gut gemacht und abgestellt« lautet ein altes Sprichwort, das die Brüder Grimm in ihr *Deutsches Wörterbuch* aufnahmen und das die bedeutende Rolle des Hanfs als Heilpflanze unterstreicht. Von den großen Heilkundigen des Mittelalters wie Paracelsus oder Hildegard von Bingen bis in die Arzneibücher und Apotheken zu Beginn des 20. Jahrhunderts war Cannabis als Arzneimittel ebenso unverzichtbar wie in der Landwirtschaft als universeller Rohstoff für Textilien, Papier, Seile, Segel und hunderte anderer Produkte. Aus Hanfsamen, einem der proteinreichsten Nahrungsmittel überhaupt, wurden Brot, Suppe und zahlreiche Lebensmittel gemacht. Und die Hanfblüten landeten als »Knaster« in der Pfeife der Bauern, die sich teuren Tabak nicht leisten konnten. Die entspannende Wirkung – es macht »a wengerl rauschig« sagte man in Bayern – war sehr wohl bekannt, doch niemand sah darin etwas Verwerfliches oder gar eine gefährliche Droge, deren Konsum verfolgt und bestraft werden müsste.

Dass freilich Kinder und Jugendliche die Finger davon lassen sollten, macht schon der Pionier des Comicstrips, Wilhelm Busch, in seiner Geschichte von »Krischan mit der Piepe« (1864) deutlich, in der sich ein Junge über das Verbot des Vaters hinwegsetzt und dann aus dem Rauch der Pfeife Gespenster aufsteigen sieht. Der heimkehrende Vater erlöst den berauschten Krischan dann von seinem »Horrortrip« – mit einer Tasse starken Kaffee.

Bis vor 100 Jahren waren Haschischzigaretten eine Normalität in deutschen Tabakläden, und ihr Verschwinden nach dem Ersten Weltkrieg war nicht einem Verbot, sondern einem einsetzenden Trend zum »Leichtrauchen« geschuldet: »Starker Tobak« – als Redewendung für unglaubliche, verrückte Geschichten immer noch ein Begriff – war nicht mehr so gefragt.

Dass der »indische Hanf« 1929 überhaupt ins deutsche Strafgesetzbuch aufgenommen wurde, verdankte sich einem Kuhhandel: In der Kampfabstimmung um das von Ägypten beantragte Cannabisverbot auf der internationalen Opiumkonferenz 1925 hatte Deutschlands Stimme am Ende den Ausschlag gegeben, nachdem die Ägypter im Gegenzug zugesichert hatten, keine Importverbote für die deutschen Pharma-Bestseller »Heroin« (Bayer) und »Kokain« (Merck) zu erlassen. Auch wenn Cannabis also seit 1929 im deutschen »Opiumgesetz« zumindest auf dem Papier der Prohibition unterworfen war, spielte der Stoff für Polizei und Justiz keinerlei Rolle.

Das erste Strafverfahren in Sachen Hanf in Deutschland wurde erst 1948 aktenkundig; es betraf einen amerikanischen Soldaten, der mit einem Sack Hanfblüten erwischt worden war. Diese wurden dann auch hier als »Marihuana« bezeichnet. Den exotischen Begriff aus dem Mexikanischen hatte der erste Drogenzar der USA, Harry Anslinger, in den 1930er Jahren importiert und mit Unterstützung des Zeitungsmagnaten Hearst eine Kampagne gestartet, die eine der folgenreichsten Propagandaoperationen aller Zeiten wurde. Mit Horrormärchen vom »Mörderkraut Marihuana«

und von Schwarzen und Latinos, die nach einer Zigarette mit dem »Teufelskraut« bevorzugt weiße Frauen vergewaltigen, fütterte Anslingers neu gegründetes »Federal Bureau of Narcotics« (FBN) regelmäßig die Medien, wobei der Begriff »Marihuana« dafür sorgte, dass das Publikum dies für eine neuartige Droge hielt, die niemand mit dem guten alten Hanf beziehungsweise dem in der Apotheke als Blüten und in zahlreichen Tinkturen erhältlichen »Cannabis« in Verbindung brachte. Auch nicht die Mitglieder des US-Kongresses, die Anslinger mit seinen haarsträubenden Geschichten auf Linie gebracht hatte und die 1937 die bundesweite Prohibition beschlossen – was auch den industriellen Hanfanbau zum Stillstand brachte.[1]

Nachdem man Harry Anslinger 1948 zum Leiter des Drogenbüros der neu gegründeten UNO gemacht hatte, setzte er diese Politik auf internationaler Ebene fort und krönte sein Lebenswerk 1961 mit der »Single Convention on Narcotic Drugs«, die von 180 Nationen ratifiziert wurde. Voraussetzung für diese globale Prohibition von Cannabis waren wie schon 1937 in den USA pseudowissenschaftliche Gefälligkeitsgutachten, die der Pflanze jeden medizinischen und therapeutischen Wert ab- und ein extremes Gefahren- und Suchtpotential zusprachen. So kam Cannabis in »Schedule 1«, die Klasse der gefährlichsten illegalen Drogen und verschwand aus den Arzneibüchern ebenso wie aus den Lehrplänen der Ärzte und Apotheker. Fortan war von Marihuana nur noch im Zusammenhang mit »Rauschgift«, »Sucht«, »Vergewaltigung«, »Mord« und »Wahnsinn« die Rede. Die Hanfpflanze wurde zur »flora non grata«, zur am meisten verfolgten Droge der Welt.

»Sicherlich ist Marihuana eher harmlos. Aber die Sache war ein Beispiel dafür, dass ein Verbot die Autorität des Staates stärkt«, hatte Anslinger zwar gegen Ende seines Lebens bekundet – nachdem schon aktenkundig geworden war, dass 95 Prozent der »zweifelsfreien Quellen« und »Fakten«, die er für die nationale und internationale Durchsetzung der Hanf-Prohibition angeführt hatte, aus Boulevardzeitungen stammten. Doch die von seiner Diffamierungs- und Desinformationskampagne ins kollektive Unbewusste gepflanzten Ängste blieben virulent und verhindern bis heute eine rationale Politik in Sachen Cannabis. Der autoritative, ordnungspolitische Faktor bedient weiterhin Mythen und Märchen, eine wissenschaftlich fundierte Bewertung der Gefahren und eine sachliche Kosten-Nutzen-Rechnung der Prohibition werden dabei hartnäckig vermieden. Dass Cannabis nicht aggressiv macht, sondern eher entspannt und statt zu Gewalt und Mordtaten eher zu Müdigkeit führt, diese schon bald einsetzende Entzauberung von Anslingers »Mörderkraut«-Märchen führte dann auch nicht zu einer Rehabilitierung des Hanfs.

Vielmehr wurde die schon 1944 im »La Guardia«-Report (und seitdem immer wieder) festgestellte *relative* Harmlosigkeit des Hanfs für eine neue Propagandastory verwendet – das Märchen von der »Einstiegsdroge«. Auch wenn Hanf eher unschädlich sei, führe er doch zwangsläufig zu härteren, gefährlicheren Drogen und zur Sucht – so die mittlerweile zwar auch schon lange und definitiv widerlegte, doch bis heute immer wieder vorgetragene These. Nicht nur manische Antidrogenkrieger und geschäftstüchtige Prohibitionisten, Politiker und Behörden sowie auch Wissenschaftler entblöden sich nach wie vor nicht, auf Anslinger-Niveau zu argumentieren.

Zum Beispiel Prof. Dr. Rainer Thomasius, ein als Experte in Deutschland immer wieder gehörter Prohibitionsbefürworter, der sagt: »Die Einstiegsdrogentheorie ist zwar nicht belegt. Aber widerlegt ist sie auch nicht.« Was für die Jungfrauengeburt natürlich ebenso gilt wie für kleine grüne Männchen vom Mars – und zeigt, dass in Sachen Cannabisverbot die Voodoo-Wissenschaft der Anslinger-Ära noch immer nicht überwunden ist. Weshalb dienstbare »Experten« wie Dr. Thomasius von Behörden und Medien immer wieder herangezogen werden, um auf die »unterschätzten Gefahren« von Cannabis hinzuweisen. Mit der oben zitierten Behauptung hätte er – im weißen Kittel – wunderbar in den von Anslinger geförderten Aufklärungsfilm »Reefer Madness« (1938) gepasst, der unter dem deutschen Titel »Kifferwahn« seit den 1970er Jahren immer mal wieder aufgeführt wird und zu Lachstürmen reizt.[2]

Wobei es – um solchen rückwärtsgewandten »Experten« nicht völlig Unrecht zu tun – keineswegs abzustreiten ist, dass Kinder und Jugendliche durch massiven Konsum von Cannabis körperliche und geistige Schäden davontragen können, was allerdings in dieser Altersgruppe für nahezu jede andere legale wie illegale Substanz ebenso gilt. Doch weder für die allgemeine Legalisierung für Erwachsene noch gar für die Anerkennung als Medizin ist diese »unterschätzte Gefahr« von Relevanz. Im Gegenteil sorgt ja gerade die unkontrollierte Distribution von Hanf über den Schwarzmarkt dafür, dass er ohne Alterskontrolle und ohne irgendwelchen Jugend- und Verbraucherschutz nahezu überall verfügbar ist.

Die erste »Einstiegsdroge« aller Menschen ist Muttermilch, und diese enthält einen hohen Anteil von Cannabinoiden, die seit über 500 Millionen Jahren bei allen Säugetieren eine entscheidende Rolle bei der Regulierung des Stoffwechsels spielen (siehe Anhang »Was sind Cannabinoide?«). Weil die wissenschaftliche Erforschung von Hanf und seinen Wirkstoffen durch die Prohibition jahrzehntelang erschwert und behindert wurde, konnten solche grundsätzlichen Entdeckungen erst in den letzten beiden Jahrzehnten gemacht werden. Geld und Genehmigungen gab es staatlicherseits zumeist nur für Forschungen, die auf einen Nachweis von Schäden oder Suchtgefahren abzielten, um damit die Legitimität der Prohibition zu belegen. So hämmerten dann die Balkenüberschriften des Boulevards Anfang 2014: »Bewiesen: Kiffen kann töten!« Die Artikel bezogen sich dabei auf die Studie des Forensikers Dr. Benno Hartung, der an der Uniklinik Düsseldorf mehrere tausend Obduktionsberichte mit unklarer Todesursache untersucht hatte – und glaubte, dabei die ersten Cannabistoten der Medizingeschichte entdeckt zu haben.

Es handelte sich um einen 28-jährigen und einen 23-jährigen Mann, die an plötzlichem Herzversagen gestorben waren und eine geringe Menge Cannabis im Blut hatten. Die Diagnose war nach dem Ausschlussverfahren gewonnen worden, und nachdem man keine andere Todesursache gefunden hatte, schob man dem Cannabis im Blut den schwarzen Peter zu. Das ist nicht nur methodisch fragwürdig, sondern auch alles andere als ein Beweis. Denn ein Zusammenhang zwischen dem Tod und der Substanz ist damit in keiner Weise hergestellt – weshalb erfahrene Rechtsmediziner nach Begutachtung der Studie auch nur den Kopf schüttelten.

»Da nach den Analysen nichts anderes mehr auftauchte, haben sich Hartung und sein Team auf Cannabis verstiegen«, sagte etwa Frank Mußhoff vom Forensisch Toxikologischen Centrum München. »Das ist aber kein Beweis, höchstens eine Erklärung.« Der Leiter der Rechtsmedizin an der Berliner Charité, Michael Tsokos, stellte fest: »Cannabis als Ursache zu vermuten ist für mich eine Verlegenheitsdiagnose (…) Hier geht es um Koinzidenz und nicht um Kausalität.«[3]

Dieser Zufall, dass die beiden Herztoten am Tag zuvor Cannabis konsumiert hatten, reichte freilich, um einmal mehr Anslingers Märchen vom tödlichen Teufelskraut durch alle Medienkanäle zu jagen – und einmal mehr jene irrationalen Ängste und emotionalen Widerstände zu bedienen, die einen Einzug der Vernunft in die Drogenpolitik nachhaltig verhindern. Und somit auch einen öffentlichen »Beipackzettel«, dass Cannabis – wie jede andere Substanz auch – für Personen mit bestimmten Vorerkrankungen oder Veranlagungen (zum Beispiel Herzmuskelstörungen wie bei einem der Düsseldorfer »Hanftoten«) höhere Risiken bergen kann. Jedoch: Selbst wenn sich ein kausaler Bezug zwischen Cannabis und dem Tod dieser beiden jungen Männer tatsächlich herstellen ließe, müsste seine Aussagekraft in Relation gesetzt werden – zu den hunderten von Todesfällen pro Jahr, bei denen frei verkäufliche Medikamente wie »Aspirin« oder »Paracetamol« als Verursacher nachgewiesen werden, sowie zu den zigtausend Toten per anno, die legalen Drogen wie Alkohol oder Tabak zum Opfer fallen. Die Millionen Konsumenten dieser Substanzen nehmen diese Risiken in Kauf – ebenso wie der Staat, der an den Steuereinnahmen verdient, und die Gesellschaft, die eine Prohibition potentiell »tödlicher« Drogen wie Aspirin oder des »massenmörderischen« Alkohols niemals hinnehmen würde.

Dass sie bei Cannabis immer noch hingenommen wird, hat mit dem Rufmord als »gefährlichstem aller Rauschgifte« zu tun, den Harry Anslingers Propagandafeldzug gegen den »Mörder der Jugend« einst inszenierte und der von seinen ordnungspolitischen Nachfolgern bis heute fortgesetzt wird. Und weil eine Lüge, wenn sie nur oft genug öffentlich wiederholt wird, irgendwann als Wahrheit akzeptiert ist, konnte etwa der damalige bayerische Ministerpräsident Edmund Stoiber noch 1997 ungestraft verkünden: »Wer den freien Genuss von Cannabis befürwortet, nimmt in verantwortungsloser Weise den Tod von Tausenden junger Menschen in Kauf.« Dass derart haarsträubender Horror im Brustton der Überzeugung verbreitet werden kann und Beifall findet, zeigt, dass das »Anslinger-Syndrom«, die seit Jahrzehnten implementierte Angstpropaganda, in weiten Teilen der Bevölkerung nach wie vor virulent ist. Doch diese Angst ist unbegründet und beruht zum größten Teil auf falschen Informationen. Niemand – weder einzelne Menschen noch ganze Gesellschaften – muss Angst vor Hanf haben. Seine angebliche Gefährlichkeit ist eine relativ moderne Erfindung, die – wie schon angedeutet – nicht aus medizinischen, gesundheitspolitischen Zwecken in die Welt gesetzt wurde, sondern allein ordnungspolitischen Interessen diente.

Aus der 1930 mit 100 000 Dollar des Chemieriesen DuPont finanzierten »Mörderkraut«-Kampagne ist bis heute ein gigantisches, aus Steuergeldern finanziertes System der Drogenverfolgung entstanden, das in jedem Land der Welt zahlreichen Institutionen und vielen Unternehmen die Existenz sichert. Dass diese mehr als acht Jahrzehnte Verfolgung den Hanfkonsum nicht zum Verschwinden gebracht haben, sondern Angebot und Nachfrage stetig gewachsen sind – dass also die Prohibition offensichtlich nicht funktioniert –, ficht diese Institutionen nicht an. Ihre Budgets sind ständig gewachsen – sehr konservative Berechnungen gehen derzeit von 3 Milliarden Euro an Kosten aus, die die Verfolgung illegalisierter Drogen bei Polizei und Justiz in Deutschland verursachen, wovon mehr als die Hälfte auf die Cannabisprohibition entfallen. Diesen stetig wachsenden Budgets (seit 1980 hat sich die Zahl der Strafverfahren nahezu vervierfacht) steht nicht etwa eine abnehmende Verbreitung des Cannabiskonsums gegenüber, sondern das Gegenteil: Die Zahl der Konsumenten wächst und wächst. Seit 1994 hat sich die Zahl der Konsumenten verdoppelt, mittlerweile gibt es etwa 2,5 Millionen Menschen in Deutschland, die gelegentlich Cannabis konsumieren.

»Ja aber weil der Ladendiebstahl zunimmt, können wir doch das Diebstahlsverbot nicht abschaffen!«, wenden da nicht nur Jurastudierende des ersten Semesters ein, sondern auch Politiker und Staatsanwälte – wobei erstere aber an der Universität schnell lernen, dass rechtlich zwischen einer Selbstschädigung (durch Alkohol, Tabak, Cannabis und so weiter) und einer Schädigung anderer (durch Diebstahl) streng unterschieden werden muss, während letztere als gelernte Juristen diesen Unterschied zwar durchaus kennen, ihn zum Zwecke der Demagogie aber unterschlagen. Die ehemalige Bundesdrogenbeauftragte, Sabine Bätzing-Lichtenthäler (SPD), hat sich diesbezüglich im April 2014 besonders hervorgetan: Wer das Cannabisverbot abschaffen wolle, weil es massenhaft übertreten wird, könne ja auch die Fußgängerampeln abschaffen, weil viele bei Rot über die Ampel gehen. Und durch eine kontrollierte Abgabe der organisierten Kriminalität das Wasser abzugraben, hält Frau Sabine ebenfalls für eine schlechte Idee – und vergleicht den Cannabiskonsum mit Zuhälterei und Zwangsprostitution: »Wenn ich es nicht mehr bestrafe, dass Frauen zum Geschlechtsverkehr gezwungen werden, dann gibt es da auch keine Kriminalität mehr, kann ja jeder legal machen.«[4]

Gäbe es einen Anslinger-Preis für durchgeknallte Prohibitionspropaganda, Bätzing-Lichtenthäler wäre fraglos eine aktuelle Topkandidatin.

Wer Hanf konsumiert, schädigt niemanden, sondern allenfalls sich selbst – und ihn oder sie dafür nach dem Betäubungsmittelgesetz mit Strafen zu verfolgen, die ansonsten allein für Kapitalverbrechen verhängt werden, ist ein unhaltbarer und letztlich auch verfassungswidriger Zustand. In seinem sogenannten Haschischurteil von 1994 hat das Bundesverfassungsgericht es zwar gerade noch für legitim befunden, Cannabis staatlicherseits als nicht verkehrsfähige Droge zu klassifizieren und strafrechtlich zu verfolgen. Aber es hat den Gesetzgeber schon damals aufgefordert, Straffreiheit für den Besitz geringer Mengen zu gewähren. Wenn der Besitz geringer Haschischmengen fortan straflos sein solle, dann könne man auch gleich »den Einbruch freigeben«, kommentierte damals der Bund Deutscher Kriminalbeamter diese Entscheidung, die freilich bis heute nicht dazu geführt hat, dass sich die Bundesländer darauf einigen, was als »geringe Menge« anzusehen ist. Während in München schon 6,1 Gramm ausreichen, um vor den Richter zu kommen, müssen es in Kiel schon mehr als 30 Gramm sein – wobei auch die »Straffreiheit« kleinerer Mengen nicht bedeutet, dass Polizei und Justiz nicht aktiv werden, bis der Staatsanwalt das Verfahren mit einer Geldbuße einstellt.

139 334 Ermittlungsverfahren dieser Art gab es 2012, und selbst wenn viele am Ende eingestellt werden, sind dies mindestens 130 000 zu viele, denn nur ein Bruchteil dieser Verfahren richtet sich gegen organisierte Schmuggler und Großkriminelle. Der Löwenanteil betrifft Konsumenten und Kleinhändler, die mehr als eine »geringe Menge« besitzen oder zum wiederholten Mal mit einer solchen angetroffen werden. Und wenn selbst die Verfahren letztlich eingestellt werden, blüht weiteres Ungemach, etwa von der Führerscheinstelle und den Verwaltungsgerichten. Seit die Verfassungsrichter mit der erlaubnisfähigen Mindestmenge der strafbewehrten Cannabisrepression einen kleinen Riegel vorgeschoben haben, wurde die Verfolgung von Konsumenten jetzt via Verwaltungsrecht verstärkt. Auch der polizeiliche Fund einer straffreien geringen Menge zieht eine Überprüfung der Fahrerlaubniseignung (Medizinisch-psychologische Untersuchung/ MPU, vulgo: Idiotentest) nach sich, und anders als vor dem Strafrichter ist hier die Beweislast umgekehrt: Der Konsument muss anhand von Blut- und Urintests nachweisen, dass er abstinent ist, sonst verliert er den Führerschein. Da die Abbaumoleküle des Hanfwirkstoffs THC (Tetrahydrocannabinol) noch bis zu sechs Wochen im Urin nachweisbar sind, droht Cannabisdelinquenten diese Prozedur auch dann, wenn sie nie bekifft Auto gefahren sind. Und falls sie vor einer Fahrt doch etwas geraucht haben, sieht es ganz übel für sie aus, denn der in Deutschland geltende Grenzwert von 1 Nanogramm THC im Blutserum ist derart niedrig, dass er in keiner Weise spürbar ist. In der Schweiz gelten selbst Bus- und Bahnfahrer bis zu einem Grenzwert von 3 Nanogramm als völlig verkehrstauglich,

in den USA gehen die Verkehrsbehörden davon aus, dass Autofahrer mit bis zu 10 Nanogramm THC im Blut keinerlei Gefahr darstellen. Dass der absurd niedrige Grenzwert in Deutschland weniger der Verkehrssicherheit, sondern eher der Jagd auf Kiffer dient, die man, wenn schon nicht von einem Richter, dann von einem Verwaltungsbeamten mit Führerscheinentzug bestrafen lässt – dieser Vorwurf kann nicht von der Hand gewiesen werden. Theo Pütz vom »Beratungsnetzwerk Fahreignung« hat in einem soeben erschienenen Buch das Dilemma dieser (Un-)Rechtspraxis ausführlich geschildert.[5]

Ein noch größeres und skandalöseres Dilemma des (Un-)Rechts aber ist, dass in Deutschland auch schwerkranke Menschen, denen Cannabis gegen ihre Leiden hilft, bestraft werden, wenn sie sich ihre Medizin auf dem Schwarzmarkt beschaffen oder selbst anbauen. Dass es sich dabei nicht um eine vernunftgeleitete Politik, sondern um bürokratischen Absolutismus handelt, wird besonders deutlich, wenn wir im Folgenden kurz die medizinischen Eigenschaften der Hanfpflanze betrachten.

1 Die verbotene Medizin

Als deutsche Apotheken im Zuge des Ersten Weltkriegs von der Versorgung mit Cannabis aus Indien abgeschnitten waren, begann die »Versuchsstation für offiziellen Pflanzenanbau« im oberbayerischen Happing im Jahr 1917 mit dem Anbau asiatischer Hanfsorten. Geklärt werden sollte die Frage, ob diese für den medizinischen Gebrauch geeigneten harzreichen Sorten beim Anbau unter hiesigem Klima ihre Wirkung verlieren. In ihrer abschließenden Studie stellten die Forscher einige Jahre später fest, dass dies nicht nur nicht der Fall war, sondern die Wirkstoffe sogar noch angestiegen waren: Die »Hanfdroge aus eigener Züchtung« sei noch besser als die »Sansibar-Ware« und somit ein bestens geeigneter Ersatz für die importierte »echte Droge«. Von der Haschischsalbe gegen Hühneraugen bis zur Marihuanazigarette für Asthmatiker konnte fortan auch für viele weitere hanfhaltige Medikamente zur Schmerzlinderung, Krampflösung und Entzündungshemmung auf heimischen Hanf zurückgegriffen werden.

Nach dem Erscheinen des Buchs *Die Wiederentdeckung der Nutzpflanze Hanf,* dessen deutsche Ausgabe ich mit Jack Herer 1993 herausgebracht hatte, erreichten mich etliche Anfragen von Ärzten und Pharmazeuten, die das Kapitel über die erstaunlichen und einzigartigen medizinischen Eigenschaften von Cannabis zuerst für Fiktion gehalten hatten, obwohl es ausführlich dokumentiert war. Doch sie hatten davon während ihrer gesamten Ausbildung kein Sterbenswort gehört und in ihren aktuellen Handbüchern keine Zeile darüber gefunden. Eine der ältesten Heilpflanzen der Menschheit war nicht nur zur »flora non grata« geworden, auch das medizinische Wissen darüber war nahezu verschwunden. Nur als verbotene Droge tauchte Cannabis in wissenschaftlichen Büchern noch auf, und in den Köpfen spukten über Jahrzehnte die von Harry Anslinger in die Welt gesetzten Horroranekdoten. Sie hätten Anfang der 1970er Jahre vielleicht sogar noch akademische Bestätigung durch die Harvard Medical School erfahren, als Professor Lester Grinspoon mit einem Forschungsprojekt zu den Gefahren des Marihuanakonsums begonnen hatte. Doch dann erkrankte sein zwölfjähriger Sohn an Leukämie und litt durch die Chemotherapie an extremer Übelkeit. Seine Mutter hörte von einem ähnlichen Patienten, dessen Übelkeit durch ein wenig Marihuana vor der Chemobehandlung völlig ausgeblieben war. Sie besorgte etwas von der verbotenen Medizin, gab sie ihrem Sohn vor der nächsten Behandlung, und dem war danach nicht mehr tagelang speiübel, sondern er hatte sofort Appetit auf einen Hamburger.

Dieses kleine Wunder brachte nicht nur eine Wende zu einer deutlich verbesserten Lebensqualität des tödlich erkrankten Jungen, sondern stellte auch die Forschungsarbeit seines Vaters auf den Kopf, der diesen Umschwung in seinem nächsten Buch (*Marijuana reconsidered*, 1971) beschrieb und zu einem Pionier der modernen medizinischen Cannabisforschung wurde. Sein Buch *Marihuana – Die verbotene Medizin* wurde 1994 in Deutschland zu einem Bestseller und trug mit dazu bei, dass der Hauptwirkstoff der Hanfblüte, das Tetrahydrocannabinol (THC), 1996 in Deutschland in die Arznei-bücher zurückkehren konnte und verschreibungsfähig wurde. Allerdings bisher nur in synthetischer Form unter dem Markennamen »Dronabinol« und als »Sativex«-Spray, das nicht nur THC, sondern ein Extrakt sämtlicher Cannabi-noide enthält. In natürlicher Form sind Hanfblüten in Deutschland bis heute verboten.

Erst als einige schwerkranke Patienten erfolgreich bis vor das Verfassungsgericht zogen, weil dieses pharmazeutische THC gegen ihre Leiden weniger half (und zudem viel teurer war) als natürliche Hanfblüten, sah sich die Bundesopium-stelle als zuständige Behörde beim Bundesamt für Arznei-mittel und Medizinprodukte (BfArM) genötigt, besondere Ausnahmegenehmigungen zu erteilen. Diese können seit 2009 von Patienten unter Vorlage einer ärztlichen Empfeh-lung für 75 Euro bei der Bundesopiumstelle beantragt wer-den. Mit diesen Genehmigungen dürfen sie dann aus Hol-land importierte Hanfblüten über ihre Apotheke beziehen oder die Pflanze unter strengen Auflagen für den Eigenbe-darf selbst anbauen. Derzeit gibt es etwa 200 Patienten in Deutschland, die sich auf diese Weise mit Hanfblüten ver-sorgen können, bei etwa ebenso vielen lehnte die Bundes-opiumstelle eine Genehmigung ab. Dass es Ärzten in Deutschland nur möglich ist, pharmazeutische Cannabis-wirkstoffe zu verschreiben, nicht aber natürliche, und dass Patienten nur über bürokratische Sondergenehmigungen zu der Medizin kommen, die ihnen hilft – diese restriktive, inhumane Praxis deutscher Behörden ist ein Relikt der »Reefer Madness«-Ära unter Harry Anslinger. Denn das von ihm bei der UN einst installierte Internationale Suchtstoff-kontrollrat (International Narcotic Control Board/INCB) lässt sich in seinem Bemühen um Hanfverfolgung in keiner Weise von der Renaissance beeindrucken, die das grüne Kraut und seine Wirkstoffe gerade erleben. Obwohl diese Wiedergeburt in den Forschungslabors und Kliniken mehr als beeindruckend ist.

So wurden in den letzten Jahren in mehreren Studien die erstaunlichen Eigenschaften von Cannabinoiden bei der Krebsbekämpfung aufgezeigt.[6]

Bei verschiedenen spastischen Erkrankungen, Epilepsien und Multipler Sklerose erwiesen sich die krampflösenden Cannabiswirkstoffe den üblichen Medikamenten als überlegen, bei chronischen Schmerzpatienten wurden erhebliche Linderungen erzielt, und bei auf Morphin angewiesenen Kranken konnten durch eine kleine Menge THC die Morphingaben deutlich reduziert werden, ohne ihre schmerzstillende Wirkung zu verlieren. Auch die schon aus der antiken Medizin bekannte Empfehlung von Cannabis bei Übelkeit und Appetitlosigkeit wurden in neuerer Zeit nachhaltig belegt. Die lange Liste aktueller klinischen Studien über die positive Wirksamkeit von THC und anderen Cannabinoiden bei Krankheiten – sie reichen von AIDS und Alzheimer bis zum Tourette-Syndrom und Traumatherapie – deutet an, warum es derzeit kaum eine andere natürliche Substanz gibt, deren Potential intensiver im Fokus der medizinischen Forschung steht als die Wirkstoffe des Hanfs.[7]

Der Grund für diese Wiederentdeckung liegt nicht allein in der langen Verbannung der Pflanze aus den medizinischen und pharmazeutischen Lehrplänen, sondern auch in einer Neuentdeckung: der Identifizierung des körpereigenen Cannabinoidsystems und spezieller Cannabinoidrezeptoren, die nicht nur im Gehirn, sondern im gesamten Körper verteilt und in allen Organen zu finden sind. Auch wenn dieses erst Anfang des Jahrtausends entdeckte Endo-Cannabinoidsystem noch nicht restlos erforscht ist, sind sich die Forscher vollkommen einig, dass ihm eine zentrale Rolle beim Stoffwechsel und der Aufrechterhaltung des Immunsystems zukommt.

»Wäre Cannabis eine unbekannte Substanz und Biologen hätten sie in einer abgelegenen Felsenkluft in den Bergen entdeckt, würde das zweifellos als medizinischer Durchbruch bejubelt«, schrieb dazu der britische *Economist*, »Wissenschaftler würden sein Potential bei der Behandlung von Schmerzen bis Krebs preisen und über die umfangreichen pharmazeutischen Qualitäten staunen.«[8]

In der Tat kann die weitere Erforschung des körpereigenen Cannabinoidsystems in Zukunft zu speziell für bestimmte Krankheiten zugeschnittenen Cannabinoidkombinationen führen. Und sollte die in Labor- und Tierversuchen bereits gezeigte Eigenschaft, dass Cannabinoide gesunde Zellen schützen und Tumorzellen angreifen, therapeutisch zum Tragen kommt, könnte sie sogar eine Revolution in der Krebsbehandlung auslösen, die eine Tumorbehandlung ohne die fatalen Nebenwirkungen der bisherigen Chemotherapie ermöglicht. Deshalb übertreibt Dr. Grinspoon, der einst das »gefährliche« Marihuana untersuchen wollte und seine heilenden Eigenschaften (wieder-)entdeckte, durchaus nicht, wenn er Cannabis als die Medizin des 21. Jahrhunderts bezeichnet – vergleichbar »mit dem Penicillin in den 1940er Jahren«.

Dieser vielversprechenden medizinischen Wiederentdeckung und der Neuentdeckung des körpereigenen Cannabinoidsystems stehen in der Realität indessen nach wie vor die Drogenbekämpfer in der Nachfolge Harry Anslingers sowie die Arzneimittelkontrolleure entgegen. Während erstere jede Erwähnung des medizinischen Potentials von Cannabis als Verharmlosung der Missbrauchsgefahr sehen, verweigern letztere in Deutschland den natürlichen Blüten die Anerkennung als Arzneimittel und erteilen Genehmigungen zu ihrer Verwendung nur in Ausnahmefällen.

»Das wird keine allgemeine Medikation, sondern nur für Patienten, denen andere Mittel nicht helfen«, bekundete der Leiter der Bundesopiumstelle Winfried Kleinert 2009, als die ersten Patienten auf dem Gerichtsweg Hanfblüten als Medikament erstritten hatten und seine Behörde richterlich gezwungen wurde, dafür Ausnahmegenehmigungen zu erteilen. Der Arzt und Leiter der »Arbeitsgemeinschaft Cannabis Medizin«, Dr. Franjo Grotenhermen, indessen beziffert die Anzahl der Patienten in Deutschland, denen mit Cannabis geholfen werden könnte, auf mindestens 50 000 und prangert seit Jahren den Skandal an, dass kranken Menschen in Deutschland legal verweigert wird, was illegal fast an jeder Straßenecke erworben werden kann. Darüber hinaus müssen sie für das zugelassene synthetische THC in der Apotheke ein Vielfaches dessen bezahlen, was dieselbe Menge an Wirkstoff auf dem Schwarzmarkt kostet. Wer zur Linderung seiner Krämpfe oder Schmerzen auf regelmäßige Gaben »Dronabinol« oder »Sativex« angewiesen ist, kann leicht 300 bis 500 Euro im Monat ärmer werden, weil die Krankenkassen dies nur in den seltensten Fällen übernehmen, während die Verwendung des natürlichen Krauts nur etwa ein Zehntel dieser Kosten verursacht. Deshalb kam es in den vergangenen Jahren häufig zu Strafverfahren gegen Patienten, weil diese sich, um an ihre Medizin zu kommen, aus ökonomischen Gründen für Cannabis vom Schwarzmarkt oder zum Eigenanbau entschieden.

Dass kranke Menschen, deren Leiden durch Cannabis gelindert wird und die deshalb auf das Mittel ihrer Wahl nicht verzichten können, Polizei und die Strafgerichte fürchten müssen und eine Ausnahmegenehmigung erst erhalten, wenn sie quasi schon im Rollstuhl vorfahren, ist ohne Frage inhuman und in keiner Weise mit der vom Grundgesetz geschützten Menschenwürde und dem Recht auf körperliche Unversehrtheit vereinbar. Vertretbar wäre ein derart bürokratischer Absolutismus nur, wenn es sich bei dieser Medizin um eine gefährliche, gesundheits- oder lebensbedrohende Substanz handeln würde, die allenfalls als »Ultima ratio« eingesetzt wird und die eine verantwortungsvolle Arzneimittelaufsicht streng kontrollieren müsste. Die Hanfpflanze freilich ist das Gegenteil einer derart gefährlichen Substanz: Die gesamte Medizingeschichte weist weltweit keinen einzigen Fall auf, bei dem durch Cannabis jemand zu Tode gekommen ist. Jedes Küchenkraut aus dem Gewürzschrank richtet in einer Überdosis mehr Gesundheitsschaden an als Hanf.

Zudem stehen den oben skizzierten vielfältigen medizinischen Heilwirkungen nur geringe schädliche Nebenwirkungen gegenüber, was darauf zurückzuführen ist, dass Cannabinoide keine fremden, unnatürlichen Stoffe sind, sondern gleichsam gute Bekannte, die als Endo-Cannabinoide auch vom Körper selbst produziert werden. Diese Eigenschaft teilt Cannabis mit dem Opium und den Endomorphinen, doch anders als bei von außen zugeführten

Opiaten stellen die körpereigenen »Cannabinoidfabriken« die Produktion nicht ein, weshalb ein Stopp dieser äußeren Zufuhr auch keine Engpässe entstehen lassen, die bei Opiaten zu heftigen Entzugserscheinungen führen. Cannabis wird deshalb auch nicht zu den klassischen Suchtstoffen gerechnet, auch wenn ohne Frage ein Verlangen danach entstehen kann; diese Sucht ist jedoch nicht substanzbedingt wie bei Opiaten oder auch bei Nikotin und Alkohol, sondern eine psychische Abhängigkeit. Eine Freigabe der Hanfmedizin würde insofern die von der Bundesärztekammer angegebene Zahl von 1,4 bis 1,9 Millionen »manifest von (legalen) Medikamenten abhängigen« Menschen nicht erhöhen.

Die Restriktionen, die das Bundesamt für Arzneimittel bei Cannabis für angemessen hält, scheinen freilich ebenfalls nicht »substanzbedingt« zu sein, sondern einer gefühlten Abhängigkeit vom »war on drugs« und der guten alten »Rauschgiftbekämpfung« geschuldet. Sowie natürlich der Tatsache, dass das Patent für Hanfblüten bei Mutter Natur liegt und diese Blüten, wenn sie auf jeder Fensterbank gedeihen, kein Geschäft für die pharmazeutische Industrie mit sich bringen. Im Gegenteil müssen die Pharmakonzerne fürchten, dass die entspannende und stimmungsaufhellende Wirkung von Cannabis ihren milliardenschweren Markt für Antidepressiva und Beruhigungsmittel ernsthaft gefährdet. Schon ein ehemaliger Großaktionär des Pharmakonzerns Eli Lilly, George Bush sen., versuchte seinerzeit als Regierungsmitglied, sämtliche Forschung mit natürlichem Cannabis verbieten zu lassen, nachdem Eli Lilly 1975 das erste vollsynthetische THC (»Marinol«) hergestellt hatte. Das Verbot kam nicht durch. Dass noch heute das Bundesamt für Arzneimittel es deutschen Ärzten untersagt, natürlichen Hanf zu verschreiben – dieser Verbotspolitik scheint eine ähnliche Haltung zugrunde zu liegen. An einem Pharmastandort wie Deutschland hat eine solche Behörde eben nicht nur das Wohl des Patienten im Auge, sondern vor allem eine massive Lobby der Pharmaindustrie im Nacken. Was auch eine Erklärung dafür liefern könnte, warum sich hierzulande Regierung und Gesundheitsbehörden mittlerweile päpstlicher als der Papst des heiligen Drogenkriegs, die USA selbst, gebärden.

Nachdem in den Vereinigten Staaten mittlerweile 19 Bundesstaaten mit Volksabstimmungen die medizinische Verwendung von Marihuana durchgesetzt haben, stellt es im Heimatland der Hanfverbote für Patienten kaum noch ein Problem dar, an die Medizin zur Linderung ihrer Beschwerden zu gelangen. Mit der einfachen Verschreibung eines Arztes ist es ihnen gestattet, Hanf für ihren Eigenbedarf selbst anzubauen oder von einem Betreuer anbauen zu lassen. In Kalifornien, das 1996 als erster Bundesstaat *Medical Marihuana* erlaubte, verfügen mittlerweile 550 000 Patienten über eine ärztliche Verschreibung und können sich in fast jeder Stadt über *dispensaries* – Hausapotheken – mit Cannabis versorgen oder zum Eigenbedarf eine begrenzte Anzahl Pflanzen selbst anbauen.

In Colorado haben die Brüder Stanley 2012 eine Cannabisvarietät gezüchtet, die kaum THC, aber sehr viel CBD (Cannabidiol) enthält und die sie anfangs »Hippie's Disappointment« nannten, weil sie keinerlei berauschende Wirkung hat. Nachdem sie damit aber das Leben der sechsjährigen Charlotte Figi gerettet hatten, deren epileptische Anfälle seit dem dritten Lebensjahr trotz sieben verschiedener Medikamente auf 400 in der Woche zugenommen hatten, nannten sie es »Charlotte's Health«. Seit die kleine Patientin das aus den Blüten gepresste Öl der nun nach ihr benannten Hanfsorte eingenommen hatte, gingen ihre lebensgefährlichen Anfälle auf einen bis keinen in der Woche zurück – und sie nimmt keines der anderen Medikamente mehr. Die Stanley-Brüder versorgen mittlerweile 200 weitere Familien, deren Kinder an dieser Epilepsieform leiden, mit ihrer Medizin und erhalten Bestellungen aus der ganzen Welt.

Doch keineswegs nur solche schweren, lebensbedrohenden Krankheiten können mit Cannabis auf natürliche Weise therapiert werden. Bei einer aktuellen Stichprobe in den USA gaben Patienten, die medizinischen Hanf nutzten, vor allem weitverbreitete Leiden als Indikationen an: Chronische Schmerzen (37 Prozent), Schlafstörungen (24,9 Prozent), Stress (24,4 Prozent), Angstzustände (20,3 Prozent), Depression (10,1 Prozent), Appetitanregung (8,8 Prozent), Kopfschmerz (7,4 Prozent), Übelkeit (6,5 Prozent), Posttraumatische Störungen (3,7 Prozent), Muskelkrämpfe (3,2 Prozent).[9] Insgesamt werden in den USA so mit einer ärztlichen Empfehlung mittlerweile mehr als eine Million Patienten mit Hanfblüten versorgt. Die Regierung von George Bush jun. versuchte vergeblich, die in den einzelnen Bundesstaaten beschlossenen Gesetze und Regeln mit der Bundespolizei zu unterminieren, die immer wieder Razzien gegen Patienten und die Abgabestellen durchführte. Unter der Regierung Obama wurden diese Schikanen zwar eingestellt, eine Anerkennung und Regulierung medizinischen Marihuanas auf Bundesebene stehen aber noch immer aus.

Dies wird mit denselben Argumenten begründet, die auch Bundesregierung und Behörden in Deutschland vorbringen, die sich aber bei genauerem Hinsehen als haltlos erweisen. So die zentrale Aussage, dass Cannabis in der international anerkannten »Single Convention« der Vereinten Nationen als »Schedule 1«-Substanz klassifiziert ist, die »keinen therapeutischen Nutzen und hohe Missbrauchsgefahr« aufweist. So zutreffend es ist, dass Hanf in der 1961 beschlossenen Konvention nach wie vor in der Klasse der gefährlichsten Drogen eingestuft ist, so hinfällig sind ein halbes Jahrhundert später die (pseudo-)wissenschaftlichen Begründungen, die einst zu dieser Einstufung führten.

Des weiteren wird gegen die Anerkennung medizinischen Marihuanas ins Feld geführt, dass dies ja unnötig sei, da pharmazeutische Zubereitungen des Wirkstoffs erhältlich wären, auf die Patienten im Bedarfsfall zugreifen könnten. Auch dies ist zutreffend, und für viele Patienten ist das synthetische THC durchaus ein Segen – doch nur, wenn sie es sich leisten können, da die Krankenkassen diese Therapie bisher nicht übernehmen. Gleichzeitig wirken aber bei sehr vielen Patienten natürliche Hanfblüten, die außer THC und CBD noch viele weitere Cannabinoide enthalten, oft viel besser als die isolierten Stoffe. Eben deshalb haben außer den USA auch Länder wie Kanada, Israel, die Niederlande und viele andere mittlerweile Möglichkeiten geschaffen, Patienten Zugang zu diesem ebenso wirksamen wie preiswerten natürlichen Heilmittel zu verschaffen.

Außer mit dem Verweis auf internationale Drogengesetze und auf pharmazeutische Produkte wird die Blockade von Medizinalhanf in Deutschland auch noch mit der schweren Standardisierbarkeit eines Naturprodukts sowie mit der Notwendigkeit weiterer Forschungsbedarfs und klinischer Tests begründet – auch dies auf den ersten Blick einleuchtende Argumente, die einer Überprüfung aber nicht standhalten. Denn auch medizinische Hanfblüten, deren Cannabinoidgehalt auf der Packung angegeben ist, lassen sich sehr gut dosieren, und die bei einem Naturprodukt typischen leichten Schwankungen dieses Gehalts stellen keinerlei Gefahr dar.

Was den Forschungsbedarf betrifft, ist dieser, wie oben schon dargestellt, einerseits in hohem Maß gegeben, weil das Endo-Cannabinoidsystem zu den wichtigsten medizinischen Neuentdeckungen der letzten Jahrzehnte zählt. Andererseits aber gibt es kaum ein Arzneimittel der Geschichte, das weltweit schon so lange und so vielfältig verwendet und erforscht worden ist wie natürlicher Hanf. Und auch wenn seine ebenso universellen wie spezifischen Wirkungsweisen erst in neuerer Zeit im Detail erforscht worden sind und umfassende klinische Studien dazu bisher noch nicht vorliegen, ist eines seit Jahrtausenden belegt und bewiesen: seine toxikologische Unbedenklichkeit.

Dass indessen auch bei Cannabis eine Missbrauchsgefahr besteht, dass die entspannende und bewusstseinsverändernde Wirkung des Konsums sich zu einer Gewohnheit entwickeln kann, dass Cannabiskraut insofern trotz seiner Ungiftigkeit kein harmloser und unbedenklicher Stoff ist – diese bei einer allgemeinen Legalisierung zu berücksichtigenden Tatsachen spielen für eine Anerkennung als Arzneimittel freilich nur eine untergeordnete Rolle. Denn zum einen sind die gesundheitlichen Gefahren durch Hanf auch bei missbräuchlichem Konsum, verglichen etwa mit den schädlichen Nebenwirkungen durch den Missbrauch zugelassener Medikamente, sehr gering. Und zum anderen wirken die Cannabinoide bei vielen Patienten schon in einer so geringen Dosierung, dass sich ein rauschhaftes »High« gar nicht einstellt und sie von daher kaum in Versuchung kommen, einen solchen Zustand gewohnheitsmäßig herbeizuführen. Und selbst wenn sie es tun, weil »gute Laune« zur Linderung ihrer chronischen Symptome beiträgt, entsteht dadurch keine körperliche Abhängigkeit wie beim gewohnheitsmäßigen Gebrauch von Alkohol, Opiaten und vielen pharmazeutischen Drogen. Insofern kann auch die Missbrauchsgefahr von Cannabis nicht als zugkräftiges Argument für die arzneimittelrechtlichen Hürden gelten, die eine Rückkehr von Hanfblüten in die Apotheken verhindern. Wo Jahr für Jahr etliche Todesfälle auf den Missbrauch bewährter, frei verkäuflicher Schmerzmittel wie Paracetamol oder Aspirin zurückgeführt werden, kann es nicht angemessen sein, dass ein seit Jahrtausenden weltweit bewährtes und bemerkenswert untoxisches Schmerzmittel wie Cannabis aus den Arzneischränken und Hausapotheken verbannt bleibt.

Dass Cannabis überhaupt verbannt werden und aus den Arzneibüchern und Apotheken verschwinden konnte, hatte keine medizinischen oder pharmakologischen, sondern politische Gründe, es diente nicht dem Wohl und Schutz von Patienten, sondern der Durchsetzung ordnungspolitischer Maßnahmen, zu welchem Zweck ihm seine medizinisch-therapeutischen Eigenschaften vollständig abgesprochen werden mussten. Mittlerweile ist klar erwiesen, dass Hanfmedizin selbst für Minderjährige geeignet ist, wie zahlreiche Fallberichte von Kindern, die an Epilepsie, Autismus, Multipler Sklerose oder Krebs leiden, gezeigt haben. Auch bei Kindern, die wegen »Aufmerksamkeitsdefizit-Hyperaktivitätsstörung« (ADHS) mit »Ritalin« und ähnlichen Amphetaminen behandelt wurden, hat sich gezeigt, dass Cannabis ähnlich beruhigende Effekte hat – ohne die vielen schädlichen Nebenwirkungen der pharmazeutischen Produkte. Als 2012 der Chef für Medizinisches beim TV-Sender CNN, Dr. med. Sanjay Gupta, loszog, diese erstaunlichen Heilwirkungen zu recherchieren, erlebte er eine erstaunliche Wandlung: Als Prohibitions-Saulus gestartet, wurde er während der Arbeit an der Dokumentation »Weed« zum Paulus und Evangelisten des medizinischen Marihuanas. Und er ist längst nicht mehr der einzige Mediziner, der die frohe Botschaft vernommen hat – eine Umfrage unter 1 544 Ärzten in den USA im April 2014 ergab bei 52 Prozent eine Befürwortung legaler Hanfmedizin, 69 Prozent erkennen die Heilwirkung von Cannabis für eine ganze Reihe von Krankheiten an.

Dass diese (wieder-)entdeckten heilsamen und lindernden Wirkungen von Cannabis bei zahlreichen Krankheiten erst teilweise durch Langzeitstudien belegt sind, dass es sich dabei um »anekdotische Evidenz« handelt, die allein nicht ausreicht, um ein Medikament zuzulassen – das für die Zulassung neuer, unbekannter Stoffe unbedingt notwendige Verfahren kann für eine seit Jahrtausenden als ungiftig bekannte Pflanze allerdings nicht in derselben Weise gelten. Und wer die zahllosen »anekdotischen« Erfahrungsberichte studiert oder sich die auf YouTube und anderswo verfügbaren Dokumentationen mit den Aussagen von Wissenschaftlern und Ärzten angeschaut hat, kann die Warnungen vor den »unterschätzten Gefahren« von Cannabis nur noch als plumpe argumentative Ausflucht werten. Und nichts anderes als solche Rückzugsgefechte sind auch sämtliche Argumente, mit denen Politik, Behörden und Lobbygruppen versuchen, die unvermeidliche Wiederkehr medizinischen Hanfs aufzuhalten. Unvermeidlich, denn: »Wer heilt, hat recht!« Und noch die absolutistischsten Bürokraten und fanatischsten Drogenkrieger werden nicht verhindern, dass die Kunde von der segensreichen Wirksamkeit der Hanfpflanze weiter die Runde macht und ihre Blüten in die (Haus-)Apotheken zurückkehren.

Offen ist nur noch die Frage, wann das auch in Deutschland geschieht und sich Regierung und Parlament dieser Realität stellen, statt ihren irrationalen und längst verlorenen »Krieg gegen Drogen« auch noch auf dem Rücken von Kranken auszutragen. Über die Legalisierung für alle Erwachsenen mag noch einen Moment diskutiert werden, was jedoch Patienten betrifft, sind der Gesetzgeber und die zuständigen Behörden umgehend gefordert:

- das Betäubungsmittelgesetz für medizinischen Hanf zu ändern
- ein medizinisches Cannabisbüro zur bundesweiten Koordination einzurichten (ähnlich wie in den Niederlanden und Kanada)
- ein hausärztliches Attest für die Cannabisindikation einzuführen, das den Betroffenen den unbürokratischen Bezug beziehungsweise den Eigenanbau erlaubt (so wie in den USA)
- die Lizenzierung von Anbau- und Abgabestellen für medizinischen Hanf
- die Erstattung der Cannabistherapie bei den Krankenkassen durchzusetzen

Diese Maßnahmen müssen nicht irgendwann, sondern sofort auf den Weg gebracht werden. Es geht hier nicht um eine Liberalisierung der Drogenpolitik, nicht um eine Debatte zum »Recht auf Rausch«, es geht um das Menschenrecht auf körperliche Unversehrtheit. Es geht um leidende, teilweise schwerwiegend erkrankte Menschen, denen eine Pflanze, die ihre Leiden lindern kann, nicht länger vorenthalten werden darf. Auch nicht mit dem Hinweis, dass noch Forschungsbedarf bestehe, denn es gibt kaum eine Arzneipflanze, die länger und besser erforscht ist als Cannabis.

»Im Zweifel handeln wir für den Menschen. Bei jeder Abwägung von großen und kleinen Interessen, bei jedem Ermessen: Die Entscheidung fällt für den Menschen ... nicht Partikularinteressen stehen im Mittelpunkt unseres Handelns, sondern der Mensch steht im Mittelpunkt«, hat Bundeskanzlerin Angela Merkel in ihrer Regierungserklärung 2014 betont. Angesichts der Entscheidungen, die das Bundesamt für Arzneimittel und die Bundesopiumstelle fällen, wenn es um kranke Menschen geht, die Cannabis als Medizin benötigen, kann diese Aussage nur als blanker Zynismus gewertet werden. Das Partikularinteresse eines fundamentalistischen Prohibitionismus steht nach wie vor im Mittelpunkt deutscher Politik und ihrer Behörden – in eine andere Richtung bewegen sie sich nur, wenn Patienten vor Gericht ziehen und ihr Recht auf die Medizin ihrer Wahl einklagen. Deshalb muss die Forderung »Gebt Hanf frei – und zwar sofort!« tatsächlich subito umgesetzt werden – was vor einer grundsätzlichen Reform des Betäubungsmittelgesetzes (BtmG) auf dem kurzen verwaltungsrechtlichen Dienstweg auch sofort machbar wäre –, um den menschunwürdigen Zustand in Sachen Medizinalhanf umgehend zu beenden.

Wer Leidenden eine Pflanze verweigert, die ihnen nicht schadet, sondern ihre Leiden lindert, handelt nicht nur verantwortungslos und unmoralisch, sondern erfüllt auch den Tatbestand vorsätzlicher Körperverletzung.

2 Keine Angst vor Hanf!

»Also, ich habe zwei Leute in meinem Bekanntenkreis, die sich echt die Birne weggekifft haben und seitdem gar nichts mehr auf die Reihe kriegen. Das Zeug ist also nicht ungefährlich – und Sie sind trotzdem für eine Legalisierung?«, fragte mich unlängst ein Radiomoderator bei einem Interview und formulierte damit einen Einwand gegen die Entkriminalisierung, der so oder so ähnlich immer wieder zu hören ist. Auch von scheinbar aufgeklärten Menschen, die immer zwar auch mindestens zwei Leute kennen, die sich die Birne weggesoffen haben, aber nie auf die Idee kämen, deshalb für die strafrechtliche Verfolgung von Alkohol zu plädieren. Doch tief im Unterbewusstsein scheint auch bei ihnen ein Unbehagen zu hausen, eine aus Jahrzehnten der Desinformation und Horrorpropaganda gespeiste Angst, die eine rationale Auseinandersetzung mit Hanf unmöglich macht. Auch bei scheinbar aufgeklärten, liberalen Eltern, die dann Jugendliche in Familie oder Bekanntenkreis anführen, die irgendwann nur noch kifften und deshalb Schule oder Ausbildung nicht mehr auf die Reihe kriegten. Tatsächlich aber, und das haben einige empirische Studien klar gezeigt,[10] ist in aller Regel nicht das Kiffen ursächlich dafür, dass diese Menschen »nichts mehr auf die Reihe kriegen«, vielmehr ist die Reihenfolge umgekehrt: Familiäre, soziale und schulische Probleme führen dazu, dass sie einen problematischen Cannabiskonsum entwickeln. Dass dieser die ursächlichen Probleme nicht löst, sondern verschärft und ein weiteres schafft, weil ein Abschalten und Ausklinken aus der problematischen Situation keine Lösung darstellt, ist unbestreitbar und gilt für jede substanzgebundene Flucht vor der Realität.

Anders als bei regelmäßigem Konsum von Alkohol oder Medikamenten sind die gesundheitlichen Schädigungen durch Cannabis aber deutlich geringer, und sie führen nicht zu einer körperlichen Abhängigkeit. Vielmehr stellten die Professoren Dieter Kleiber und Karl-Arthur Kovar bei einer Befragung von 1458 erfahrenen Konsumenten fest, »dass ein ›Ausstieg‹ aus dem Cannabiskonsum unabhängig von der Dauer des Konsums zu jeder Zeit erfolgen kann.« Und dies umso leichter, wenn sich die für den problematischen Konsum ursächliche Situation verbessert. Womit wir wieder bei den oben zitierten »zwei Bekannten« wären, die jeder hat und denen der Cannabiskonsum irgendwie geschadet hat, was, in Prozent ausgedrückt, auch etwa der Menge von 2 Prozent der Konsumenten entspricht, die nach der Kleiber/Kovar-Studie[11] eine starke psychische Abhängigkeit entwickeln und Probleme mit der Abstinenz haben.

Solchen empirischen Befunden scheinen die zahlreichen neueren Veröffentlichungen zu widersprechen, laut denen die Beratungs- und Behandlungsnachfrage bei Cannabisproblemen stetig wächst. Dazu ist festzustellen, dass es das Angebot einer solchen Beratung und therapeutischen Behandlung speziell für Cannabis noch nicht sehr lange gibt und sich die Zahl der Konsumenten in den letzten Jahrzehnten vervielfacht hat. Als Begründung, dass Cannabis verboten bleiben muss, taugt dieses Wachstum deshalb nicht, zumal wenn man es in das Verhältnis mit dem Beratungs- und Behandlungsaufwand für die Volksdroge Alkohol setzt.

Was die Seltenheit echter medizinischer Notfälle betrifft, mag eine Zahl aus Amsterdam, der Cannabishauptstadt der Welt, wo in hunderten Coffeeshops tausende Menschen rund um die Uhr Haschisch und Gras rauchen, verdeutlichen: Bei 324 Notfallaufnahmen im letzten Jahr, also weniger als einer Person pro Tag, lag ein Cannabisbefund vor, wobei in den meisten dieser Fälle der Kreislauf der Patienten abgestürzt war. Viel Schlimmeres als ein abgesackter Kreislauf, den man in der Regel auch mit häuslichen Mitteln wieder in Schwung bringen kann, ist notfallmedizinisch auch bei einer hohen Überdosis Cannabis kaum zu befürchten, eine tödliche Dosis ist nicht bekannt: In der gesamten Medizingeschichte existiert kein einziger Mensch, der durch Hanf ums Leben gekommen wäre.

Ähnliches gilt für die Versuche, mit denen man bis in neuere Zeit das Suchtpotential von Cannabis nachweisen wollte: Während sich eine Alkohol-, Heroin-, Nikotin- oder Kokainabhängigkeit bei Versuchstieren ohne weiteres demonstrieren lässt, ist das mit Cannabis noch bei keinem Versuch gelungen. Trainierte Ratten, die sich nach Drücken einer Klappe mit Alkohol, Opiaten, Kokain oder Nikotin versorgen können, drücken diese immer wieder, sie werden süchtig und zeigen nach einem Stopp der Zufuhr entsprechende Entzugssymptome. Bei Cannabis dagegen entwickelt sich keine Sucht, die Tiere hören einfach von selbst auf, die Klappe für den Drogennachschub zu drücken. Was sie im übrigen auch bei den stark suchterzeugenden Opiaten immer weniger tun, wenn sie von einer Gefangenschaft im Käfig in einen »Rattenpark« versetzt werden, wie ihn Bruce Alexander, mittlerweile emeritierter Psychologieprofessor und Suchtforscher, für seine Experimente schuf: Waren genug Ecken zum Futtern, Kuscheln und Spielen da, wollten auch die Hardcore-Junkies nur noch sehr gelegentlich Morphin. Auch dies zeigt, dass die Entwicklung von Sucht und missbräuchlichem Konsum wenig mit der Droge selbst zu tun hat, sondern eher eine Reaktion auf »trostlose« Umstände darstellt.

Wenn Hanf aber nun nachweislich weder ein typischer Suchtstoff noch toxikologisch bedenklich ist, weil er auch in hoher Überdosis keine schweren oder gar irreversiblen Schäden anrichten kann, wie kommt es dann, dass in nahezu jeder Diskussion über die Legalisierung die »zwei Bekannten« meines Radiomoderators auftauchen, denen es ganz schrecklich damit ergangen ist? Warum werden solche extremen Einzelfälle immer Pars pro toto genommen, warum spielen die möglichen negativen Nebenwirkungen und Kontraindikationen (die auf dem Beipackzettel für legalen Hanf vermerkt wären) stets die Hauptrolle, während die angenehmen und ungefährlichen Hauptwirkungen, für die Hanf von Millionen Menschen genutzt und geschätzt wird, unter den Tisch fallen? Was verhindert einen rationalen Blick auf die simple Tatsache, dass in den Niederlanden, wo Cannabis seit Jahrzehnten für Erwachsene frei verfügbar ist, *weniger* konsumiert wird als in Deutschland? Ist es eine Art kognitive Dissonanz, bei der die Tatsache, dass die strafrechtliche Verfolgung vollkommen wirkungslos ist, zwanghaft ausgeblendet werden muss, um das eigene Weltbild nicht in Frage zu stellen? Und wenn es sich um eine solche psychologische Verdrängungsleistung handelt, die eine rationale Berechnung von Gewinn und Verlust unmöglich macht, was löst diesen blinden Fleck aus? Wie kommt es, dass die Geister der Dämonisierung, die Harry Anslinger einst rief, noch immer wirksam sind, obwohl die seitdem gewonnenen empirischen Daten eindeutig zeigen, dass sie auf Lügen basieren?

Dass sie dennoch weiterleben, hat damit zu tun, dass der »Krieg gegen Drogen« nicht auf Rationalität und Vernunft beruht, sondern auf dogmatischem Glauben. Als Galilei das Fernrohr erfand, weigerten sich die Mächtigen seiner Zeit hindurchzuschauen, weil dies ihr Weltbild erschütterte; als Antoni van Leeuwenhoek durch das erste Mikroskop blickte und erklärte, im Speichel lebten kleine Tierchen, erklärte man ihn für verrückt. Mit dem Zeitalter der Aufklärung, der Etablierung der Vernunft und des wiederholbaren wissenschaftlichen Experiments zur Gewinnung objektiver, allgemeingültiger Erkenntnisse, ist das dunkle Zeitalter der Glaubenskriege dennoch keineswegs beendet – nach wie vor weigern sich die Mächtigen, ihr Weltbild durch neue Erkenntnisse erschüttern zu lassen. Auch und vor allem, wenn diese neuen Erkenntnisse einen Abschied von alten Gewohnheiten erfordern. Wie zum Beispiel die Studie über die Wirksamkeit drogenpolitischer Maßnahmen, die eine europäische Kommission unter Leitung des britischen Labour-Abgeordneten Paul Flynn 2004 für den Europarat erstellt hat.[12]

Am Beispiel von Schweden, das eine stark repressive Drogenpolitik betreibt, Großbritannien, das überwiegend repressive Maßnahmen einsetzt, sowie den Niederlanden und der Schweiz, die eher schadensreduzierende Modelle umsetzen, hat die Kommission untersucht, inwieweit sich diese unterschiedlichen Maßnahmen auf die Zahl der Konsumenten, des »Drogenschadens« und der »Drogentoten« auswirken. Im Ergebnis konnte der Flynn-Bericht keinen Zusammenhang zwischen der Höhe der Strafen und der Häufigkeit des Konsums feststellen. Für die Hardliner im Europäischen Parlament war dieses Ergebnis so ernüchternd, dass die parlamentarische Versammlung vor einer Annahme des Berichts 17 Klauseln ändern oder streichen wollte – und zwar vor allem jene, in denen die positiven Ergebnisse der Ansätze in der Schweiz und den Niederlanden herausgestellt wurden. Daraufhin zogen die Verfasser ihre Unterstützung für den Bericht zurück. Dort heißt es unter anderem zum Thema Hanf: »Die Drogenpolitik der meisten Staaten scheint auf der Annahme zu beruhen, dass höhere Rechtsstrafen den Konsum begrenzen. Jedoch geht aus den Daten klar hervor, dass der Gebrauch von Cannabis in den Niederlanden, wo Besitz und Transport von ›Eigenbedarfsmengen‹ nicht bestraft werden, erheblich niedriger ist als in Großbritannien, wo die Rechtsstrafen relativ hart sind.«

Es ist eine Strategie der Angst, die das sture »Weiter so!« der Prohibitionspolitik ermöglicht: Der irrationale »Krieg gegen Drogen« kann nur fortgeführt werden, wenn der Feind »Cannabis« als Gefahr dargestellt und Angst geschürt wird. Wie das geschieht, dafür liefert etwa die Stellungnahme der CDU/CSU-Fraktion des Bundestags zu einer Anhörung über Cannabis 2012 ein typisches Beispiel:[13]

»Mit der CDU/CSU-Bundestagsfraktion wird es keine Legalisierung des Cannabiskonsums geben. Cannabis dient als Einstiegsdroge für den Konsum härterer Drogen und führt zu starken gesundheitlichen Schäden.«
Schon der zweite Satz – mit dem das dogmatische Festhalten an der Prohibition begründet wird – besteht aus zwei

falschen Informationen: Dass Cannabiskonsum eine Empfindlichkeit oder Empfänglichkeit für »härtere« Drogen auslöst, ist pharmakologisch nirgendwo nachgewiesen, und der rein statistische Zusammenhang, dass viele Heroin- oder Kokainkonsumenten zuvor schon Cannabis konsumiert haben, ist ein untaugliches Argument. Dass nahezu alle der 800 000 Motorradfahrer in Deutschland zuvor Fahrrad gefahren sind, bedeutet nämlich keineswegs, dass alle 30 Millionen Fahrradfahrer quasi automatisch auf das Motorrad umsteigen. Lynn Zimmer und John P. Morgan zeigen in ihrer Analyse der wissenschaftlichen Cannabisdiskussion[14] die Untauglichkeit der »Einstiegsdroge«-Theorie anhand der 72 Millionen US-Bürger, die Cannabis probiert haben: 28 Millionen von ihnen haben auch Kokain probiert, 3,6 Millionen haben es häufiger genommen, 0,7 Millionen (also weniger als 1 Prozent) nehmen es regelmäßig. So viel zur Einstiegsdroge. Die zweite Falschinformation sind die »starken gesundheitlichen Schäden«, die im Vergleich mit legalen Genussmitteln wie Alkohol, Tabak oder Zucker de facto eher gering sind.

Aber erst mal weiter im Text:

»Cannabis ist keine Spaßdroge. Die Zahl der Menschen, die Cannabis konsumieren, ist weiterhin besorgniserregend hoch. So sind 5 Prozent der jungen Erwachsenen Cannabiskonsumenten, davon sind etwa 200000 junge Menschen stark abhängig.«

Dass Hanf gute Laune machen und sogar Lachanfälle auslösen kann, wird ihm hier als Nachteil ausgelegt, der polizeilich verfolgt werden muss – selbst wenn es überhaupt nichts nützt, denn die Zahl der Konsumenten hat sich in den letzten Jahrzehnten vervielfacht. Woher die CDU die Zahl von 200 000 nimmt, die »stark abhängig« sind, ist unklar, doch auch wenn sie stimmt, müsste die »starke« Abhängigkeit in Relation zu der Gesamtzahl der Konsumenten und zu den Gefahren durch die Abhängigkeit von anderen legalen und illegalen Drogen gesetzt werden. Was das Suchtpotential betrifft, zählt Cannabis ohne Frage zu den ungefährlicheren Substanzen.

»Vor diesem Hintergrund ist der Antrag der Fraktion der Linken (die eine Legalisierung fordert, M. B.) abzulehnen. Denn jegliche Bemühungen im Bereich der Prävention würden ad absurdum geführt, wenn der Besitz legalisiert würde.«
Einmal mehr begründet Johannes Singhammer (CSU), der die Stellungnahme der Regierungsfraktion verfasst hat, das Prohibitionsdogma mit einer Lüge, dass nämlich präventive, vorbeugende Maßnahmen zum Gesundheitsschutz nur wirksam sein können, wenn damit eine strafrechtliche Verfolgung einhergeht. Tatsächlich ist das Gegenteil der Fall – in Deutschland wird nicht weniger konsumiert als in Holland –, und die Prävention beim Tabakkonsum (durch Aufklärung und Werbeverbote) funktioniert, obwohl Zigaretten legal sind.

»Nicht nur der Dauerkonsum, sondern bereits der Konsum geringer Mengen von Cannabis ist gesundheitsschädigend und sollte daher vermieden werden. Dies belegen Studien namhafter Wissenschaftler aus dem In- und Ausland.«
Deutlich mehr Studien ebenso namhafter Wissenschaftler aus dem In- und Ausland belegen unterdessen, dass die Gesundheitsschädigungen durch Cannabis selbst bei Dauer-

konsum vergleichsweise gering sind. Doch durch dieses Fernrohr, das 98 Prozent sämtlicher Studien zum Thema bereitstellen, schaut die Inquisition nicht. Was die Gesundheitsschädigung durch »geringe Mengen« betrifft: Ein Krabbelkind, das eine herumliegende Zigarette aufisst, kann daran sterben, ist es ein Hanfjoint, wird es davon hungrig und müde. Das heißt nun nicht, dass Cannabis ungefährlich und auch für Kinder und Jugendliche zugänglich gemacht werden sollte, doch die Darstellung der Gefahren durch die amtierende Regierungspartei ist nach wie vor klassischer Anslinger-Alarmismus und keine sachliche Information.

»Selbst eine geringe Dosis kann schwerwiegende Angststörungen und in der weiteren Folge Realitätsverlust, Entpersonalisierung, Schwindel und paranoide Angststörungen auslösen.« Das kann in seltenen Fällen tatsächlich vorkommen, wobei »geringe Dosis« und »schwerwiegend« auch hier zu präzisieren wären und man hinzufügen müsste, dass bei einigen Menschen auch schon geringe Mengen Alkohol zu den genannten Symptomen führen können. Auf dem Beipackzettel für legalen Hanf – ein Muster war schon 1993 in unserem Buch *Die Wiederentdeckung der Nutzpflanze Hanf* abgedruckt – wäre so etwas natürlich ebenso vermerkt wie die anderen Unverträglichkeiten und Nebenwirkungen, die Cannabis haben kann. Aber eben keineswegs in der Regel hat, sondern allenfalls in seltenen Ausnahmen und ansonsten in geringer Dosierung zu Entspannung, Wohlbefinden, Appetit und Heiterkeit führt, sowie in höherer Dosis zu Erschlaffung und Müdigkeit. Diese toxikologische Ungefährlichkeit und die Tatsache, dass auch eine schwere Überdosierung keine nachhaltigen Gesundheitsschäden oder gar

den Tod verursachen kann, erkennen allmählich wohl auch die Drogenkrieger von der CDU, denn der letzte Absatz ihrer Stellungnahme bemüht – statt der von Cannabis ausgelösten direkten Gefahren – einmal mehr die indirekten, die aus statistischer Voodoo-Wissenschaft gezauberte Verschwörungstheorie der »Einstiegsdroge«:

»Besorgniserregend ist auch die mittlerweile wissenschaftlich nachgewiesene Tatsache, dass Cannabis Einstiegsdroge für den späteren Konsum härterer Drogen ist. Jugendliche, die Cannabis rauchen, haben ein sechsfach höheres Risiko, später härtere Drogen zu konsumieren, als Jugendliche, die kein Cannabis zu sich nehmen.«

So wie mittlerweile eben die Tatsache »wissenschaftlich« nachgewiesen ist, dass jugendliche Fahrradfahrer ein mindestens sechsfach höheres Risiko haben, später Motoradfahrer zu werden und einen Unfall zu erleiden. Doch mehr als derlei Angstpropaganda mittels Pseudowissenschaft haben die Prohibitionisten einfach nicht zu bieten – und basierend auf derlei Übertreibungen und Lügen, schließt die Stellungnahme der CDU/CSU-Fraktion des deutschen Bundestags mit der Fanfare:

»Daher ist es unverantwortlich, die Schädlichkeit der Droge zu verharmlosen und eine Legalisierung von Cannabiskonsum zu fordern.«

Nein! Es ist unverantwortlich, die Schädlichkeit der Droge zu übertreiben, um damit einen Verfolgungsapparat zu rechtfertigen, der deutlich mehr Schaden anrichtet als verhindert. Es ist unverantwortlich, der Bevölkerung mit pseudowissenschaftlich begründeten Mythen und statistischen

Mogelpackungen Angst einzujagen und anderslautende Fakten einfach zu unterschlagen. Wie im Falle der Flynn-Studie oder der umfangreichen Untersuchung zur Schädlichkeit von Drogen, die im Auftrag des britischen Drogenbeauftragten, Professor David Nutt, 2010 erstellt wurde.

Die Expertengruppe hatte in aufwendiger Arbeit versucht, auf wissenschaftlicher Grundlage ein Maß für die Schädlichkeit legaler wie illegaler Drogen zu entwickeln, das nicht nur individuelle gesundheitliche Schäden und Abhängigkeit mit einbezog, sondern auch die sozioökonomischen Folgen des Konsums wie Kriminalität, Unfälle, Arbeitsunfähigkeit und Auswirkungen auf das soziale Umfeld. Wenig überraschend führt Alkohol die Gesamtbewertung an, dicht gefolgt von Heroin und Kokain, Cannabis liegt bei diesem Ranking zwei Plätze hinter Tabak auf Platz acht, die Schlusslichter der Tabelle bilden psychedelische Drogen wie Ecstasy und LSD. Doch mit seinem Ansinnen, die Gesundheits- und Drogenpolitik und die entsprechenden Gesetze auf wissenschaftliche Grundlagen zu stellen, kam der Drogenbeauftragte nicht weit. Zwei Tage nachdem er den Bericht der Öffentlichkeit vorgestellt hatte, wurde Professor Nutt von seiner Regierung gefeuert – weil er versucht hatte, die Beurteilung der Schädlichkeit von Drogen auf eine fundierte empirische Basis zu stellen. Nicht um irgendetwas zu verharmlosen, sondern um Vernunft, Sinn und Verstand in eine Politik zurückzubringen, die mit Zorn und Eifer haltlose Behauptungen zu dogmatischen Glaubenssätzen gemacht hat. Doch wo ein irrationaler und destruktiver Krieg gegen Drogen unbeirrt weitergeführt werden soll, gilt schon ein nüchterner Aufruf zur Vernunft als Ketzerei und wird als Todsünde der Verharmlosung mit Exkommunikation bestraft.

Nur als Kirche der Angst kann das Prohibitionsregime seine Willkür weiter walten lassen und seinen milliardenschweren Verfolgungsapparat am Laufen halten, nur ein möglichst grell dargestelltes Feindbild ermöglicht einen Krieg gegen diesen Feind. Und wo eine direkte Gefahr nicht nachweisbar ist, wird seine Heimtücke eben über eine indirekte Verschwörungstheorie (Einstiegsdroge) konstruiert – dies alles logischerweise umso lauter und greller, je ineffektiver und kontraproduktiver sich die Prohibition erweist. Und so kommt es, dass die Bundesregierung noch bis heute ungeniert die Angstpropaganda der Ära Anslinger verbreiten kann – und der Verfolgungsapparat, der es längst besser weiß, das unwidersprochen zur Kenntnis nimmt, denn es garantiert seine Budgets und Jobs. Kein leitender Staatsanwalt will seine Abteilung verkleinert sehen, kein Kommissariats- oder Zollamtsleiter die Anzahl seiner Drogenfahnder. Kein BKA will auf die massenhafte Telekommunikationsüberwachung verzichten, die sich dank Drogen (10 944 beziehungsweise 46,2 Prozent aller TKÜ im Jahr 2012) immer weiter steigern lässt – und auch die Richterschaft verspürt weiter das dringende Bedürfnis, in 130 000 sinnlosen Cannabisverfahren per annum auch weiterhin »Gerechtigkeit« herzustellen. Sie alle haben mit über 2 Millionen Strafverfahren seit Beginn des Jahrtausends zwar nicht dafür gesorgt, dass in Deutschland weniger Cannabis konsumiert wird als in den benachbarten Niederlanden – und damit die Ineffizienz der Prohibition schlagend unter Beweis gestellt –, doch sie alle schwören Stein und Bein, dass alles noch *sehr viiiieeeel* schlimmer wäre und sich die Tore der Hölle öffneten, wenn sie ihres Amtes nicht mehr walten würden.

Während die Warnungen vor der Schädlichkeit von Cannabis zum Zwecke der Angstpropaganda zumindest auf einem realen Kern basieren – Hanf ist definitiv kein völlig harmloses Genussmittel, das allen Altersgruppen einfach zugänglich gemacht werden kann –, ist das Argument, dass ohne Prohibition alles noch viel schlimmer wäre, vollkommen aus der Luft gegriffen. Es ist der Teufel, der regelmäßig als letzte Instanz an die Wand gemalt wird, wenn das argumentative Pulver schon ausgegangen ist und nur noch der drohende Untergang des Abendlands – »der Tod tausender junger Menschen« (E. Stoiber) – heraufbeschworen werden kann. Ein faktenfreies, phantasiertes Schreckgespenst, denn die Realität sieht völlig anders aus.

Der Jurist und Journalist Glenn Greenwald – als Vertrauter des NSA-Whistleblower Edward Snowden ist er mittlerweile weltweit bekannt geworden – publizierte 2009 eine Studie über die Drogenpolitik in Portugal, wo im Jahr 2001 eine allgemeine Entkriminalisierung von Drogen eingeführt wurde.[15] Er kam zu dem Ergebnis, dass die Zahl der Drogenkonsumenten dadurch nicht nur nicht angestiegen, sondern gefallen ist. Die Lebenszeit-Prävalenz-Rate, die misst, wie viele Menschen mindestens einmal im Leben eine Droge konsumiert haben, sank in der Altersgruppe der 13- bis 15-Jährigen von 14,1 Prozent (2001) auf 10,5 Prozent (2006), bei den 16- bis 18-Jährigen fiel sie von 27,6 auf 21,6 Prozent. Dieser deutliche Rückgang bei den für die Drogenerziehung zur Vermeidung problematischen Konsums besonders wichtigen Altersgruppen betraf nicht nur Cannabis, sondern alle illegalen Substanzen, was die portugiesischen Behörden euphorisch gestimmt hat. Diese Entwicklung zeigt eindeutig, dass Prävention nicht durch Kriminalisierung und Abschreckung, nicht durch Strafen erreicht wird.

Zusammenfassend schreibt Greenwald dazu: »Keine der Befürchtungen der Gegner der Entkriminalisierung in Portugal ist eingetreten, doch viele der Vorteile, die Drogenpolitiker bei der Einrichtung eines Entkriminalisierungsmodells vorhersagten, wurden verwirklicht. Während Drogenabhängigkeit, Konsum und damit verbundene Krankheiten in vielen EU-Staaten in die Höhe geschossen sind, sind in Portugal diese Probleme in nahezu jedem wichtigen Bereich seit 2001 entweder eingegrenzt oder messbar verringert worden. In entscheidenden demographischen Segmenten ist mit der Entkriminalisierung der Drogengebrauch in absoluten Zahlen zurückgegangen, obwohl der Verbrauch in der EU weiter steigt, auch in den Staaten, die ihre harte Linie bei der Kriminalisierung von Drogenbesitz und Gebrauch fortsetzen.«

Es ist an der Zeit, aus solchen empirischen Daten endlich Konsequenzen zu ziehen – und nicht nur die irrationale Angst vor Hanf, sondern auch die vor einem Ende der Prohibition als das zu erkennen, was sie sind: ein Popanz, der allein von denen aufgebauscht wird, die von seiner Verfolgung profitieren. Nicht nur die Daten aus Portugal und den Niederlanden sind eindeutig, auch zahlreiche andere Studien der empirischen Sozialforschung zeigen, dass das Strafrecht defintiv ungeeignet ist, einen Rückgang des problematischen Drogenkonsums zu bewirken. Die Prohibition richtet, abgesehen von den immensen Kosten, die der Verfolgungsapparat der Allgemeinheit aufbürdet, mehr gesellschaftlichen Schaden an, als dass sie welchen verhindert.

»Ich hatte nie Probleme mit Drogen, nur mit der Polizei«, sagt ein Experte, der es wirklich wissen muss, denn er hat schon mehr als ein halbes Jahrhundert intensive persönliche Erfahrungen mit sämtlichen illegalen Drogen gemacht: Keith Richards. In seiner Biographie berichtet der Mitgründer der Rolling Stones freimütig, warum er diese Probleme nie hatte: Er konnte sich stets leisten, nur sauberen, medizinisch einwandfreien Stoff zu nehmen und von jedwedem Junk die Finger zu lassen. Wer es verwunderlich findet, wenn wir hier einen unverwüstlichen Drogenfreak wie Mr. Richards als vorbildlichen Experten zitieren: Der Mann kennt sich aus, und er hat recht! Denn die Prohibition löst nicht das »Drogenproblem«, sondern produziert Probleme mit Drogen, die ohne Prohibition gar nicht vorhanden wären.

Dass ein Schüler, der heimlich kifft und einem Klassenkameraden etwas davon verkauft, von der Schule fliegt oder seine Lehrstelle verliert, ist ein weitaus dramatischerer Schaden als der, den er durch Cannabis seiner Gesundheit antut. Dass er Cannabis auf dem Schwarzmarkt erwerben muss, bringt ihn eher in Kontakt mit anderen illegalen Substanzen als der Genuss von Cannabis selbst. Da auf dem Schwarzmarkt keinerlei Verbraucherschutz existiert, sind Gehalt und Reinheitsgrad der Ware stets unbekannt – was vor einigen Jahren in Leipzig zu massenhaften Bleivergiftungen führte, nachdem gewissenlose Dealer dort mit Blei gestrecktes Marihuana in den Handel gebracht hatten. Und da es auf dem Schwarzmarkt keinen Jugendschutz gibt, fragt beim Einkauf grundsätzlich auch niemand nach einem Ausweis.

Genau dieser kriminellen Situation aber setzt die herrschende Politik 34,6 Prozent aller jungen Menschen in der

Altersgruppe 15 bis 24 aus, die in Deutschland angeben, Cannabis mindestens einmal konsumiert zu haben, und sich davon auch vom Strafrecht nicht haben abschrecken lassen. In den Niederlanden, wo sie es legal tun können, sind es (laut European Monitoring Centre for Drugs and Drug Addiction/EMCDDA, dem Report der europäischen Drogenbeobachtungsstelle 2011, siehe Tabelle Seite 55) mit 28,6 Prozent nicht nur deutlich weniger – diese jungen Menschen haben auch nicht zu befürchten, wegen ihrer Konsumgewohnheiten von Polizei und Gerichten behelligt und aus der Bahn ihres Lebensentwurfs und in kriminelle Karrieren geworfen zu werden. Auch nicht die 5,3 Prozent (Deutschland: 7,6 Prozent), die Cannabis gelegentlich oder regelmäßig konsumieren. Was einmal mehr zeigt, dass der Schutz von Jugendlichen und Heranwachsenden vor den Gefahren des Drogenkonsums, den sich die Prohibitionisten auf ihre Fahnen schreiben, eine hohle Phrase ist und ihre Parole »Prävention durch Repression« nichts als ein Mythos.

Dieser offenbart sich mit einem Blick auf die Tabelle, die zeigt, wie viele Menschen europaweit in dieser für die Drogenerziehung besonders wichtigen Altersgruppe im vergangenen Monat mindestens einmal gekifft haben, was einmal mehr deutlich macht, dass die Höhe der Strafandrohungen offenbar keinerlei Einfluss auf die Konsumgewohnheiten hat. Wenn dem aber so ist: Mit welcher Berechtigung können Politik und Justiz dann an einem Strafgesetz festhalten, das seine Begründung doch allein daraus bezieht, die Bevölkerung vor möglichen Gefahren durch Cannabis zu schützen? Mit welcher Berechtigung kann der Staat massiv und bis zum Freiheitsentzug in das Leben seiner Bürger eingreifen, wenn dieser Eingriff sein vorgegebenes Ziel – die

Gefahrenvorbeugung – in keiner Weise erfüllt? Mit welcher Begründung sind die immensen Kosten der Prohibition gerechtfertigt und das Leid, das sie Millionen Konsumenten zufügt, die verfolgt, bestraft und eingesperrt werden, wenn diese Maßnahmen gar keinen Einfluss auf die Konsumgewohnheiten der Bevölkerung haben? Oder anders gefragt: Welcher sinnvolle Zweck der Prohibition bleibt da noch, außer dem reinen Selbstzweck eines aufgeblähten Verfolgungsapparats, der sich dann logischerweise auch nur mit alarmistischer Angstmache rechtfertigen kann, nicht aber mit irgendeinem positiven Effizienzbeweis?

Belege für die negative Effizienz der Prohibition liegen dagegen reichlich vor: die Förderung der organisierten Kriminalität und des Terrorismus, der sich in vielen Ländern aus dem Drogenhandel finanziert; die Umsatzsicherung der Schattenwirtschaft und der Geldwaschanlagen, der durch illegale Drogen global jährlich 500 Milliarden Dollar zufließen; die Missachtung des Jugend-, Verbraucher- und Gesundheitsschutzes durch Beibehaltung von Schwarzmärkten; die Vergeudung von Milliarden Steuergeldern durch Finanzierung eines wirkungslosen Verfolgungsapparats sowie die Verluste durch die entgangenen Staatseinnahmen, die durch eine Besteuerung des legalen Konsums erzielt würden.

Deshalb darf es ein »Weiter so!« der unwirksamen und gefährlichen Prohibitionspolitik nicht geben. Es kann nicht länger hingenommen werden, dass die Regierung auf Anfrage von Bürgern oder Journalisten nur propagandistische Textbausteine wie die oben zitierte Stellungnahme der CDU/CSU-Fraktion versendet. Das Betäubungsmittelgesetz, das in seiner aktuellen Fassung nunmehr schon über 30 Jahre alt ist, muss auf den Prüfstand. Es kann nicht sein, dass die Poli-

Cannabiskonsumenten in der Altersgruppe 15–24	
16,9 %	Spanien
16,6 %	Schottland
15,4 %	Tschechien
12,7 %	Frankreich
11,5 %	Italien
10,3 %	Schweiz
9,7 %	England und Wales
8,1 %	Dänemark
7,6 %	Österreich
7,6 %	Deutschland
6,9 %	Nordirland
6,7 %	Belgien
6,1 %	Estland
6,0 %	Slowakei
5,9 %	Norwegen
5,3 %	Irland
5,3 %	Niederlanden

tik es ignoriert und aussitzt, wenn 122 deutsche Strafrechtsprofessoren dringend eine solche Enquetekommission fordern, weil sie die Ineffizienz und Destruktivität der geltenden Prohibitionsgesetze nicht länger hinnehmen wollen. Wenn es nicht mehr, wie 1960 ff., ein paar kiffende Studenten sind, die »Legalize it!« fordern, sondern die Professoren, die sich wissenschaftlich mit dem Schutz von Rechtsgütern, von Leib und Leben, befassen, dann müsste eigentlich auch der letzte Konservative erkennen, dass sich die Zeiten und die Kultur geändert haben und die Gesetze von anno dunnemals nicht mehr angemessen sind.

Mit »Kultur« sind wir bei einem Stichwort gelandet, das die Freunde der Prohibition immer dann gern aufgreifen, wenn den angeblich schweren Gefahren und fatalen Folgen des Cannabiskonsums die unbestreitbar viel fataleren Folgen des Alkohols (74 000 alkoholbedingte Todesfälle im Jahr 2013) entgegengestellt werden. Alkohol aber, so heißt es dann, sei schließlich in unsere Kultur eingebettet und verfüge über eine lange Tradition in der Heranführung junger Menschen an einen moderaten Gebrauch, während Cannabis »kulturfremd« sei und wegen des Fehlens dieser Tradition leicht missbraucht werden könnte.

»Alkohol wird getrunken, um in Stimmung zu kommen, während es den Haschern auf den Rausch ankommt«, differenzierte die einstige Bundesgesundheitsministerin Käthe Strobl diesen Unterschied und lieferte damit nur eines der vielen Bonmots unfreiwilliger Komik, mit denen Prohibitionspolitiker sich immer wieder disqualifizieren.

Der große Kabarettist und Hanfliebhaber Wolfgang Neuss (1923–1989) hingegen qualifizierte sich als echter Kulturexperte, als er eine Maxime der Väter des Grundgesetzes (»Von deutschem Boden darf nie wieder ein Krieg ausgehen«) bei einer Talkshow im Café Kranzler 1983 leicht umformulierte: »Auf deutschem Boden darf nie wieder ein Joint ausgehen!«

Kurz darauf wurde bei Ausgrabungen in Bayern die älteste Pfeife der Welt entdeckt, und anhand der vorhandenen Aschereste ermittelten die Archäologen, was die Urbajuwaren denn da 1500 vor Christus wohl geraucht hatten. Und sie fanden keinen Tabak, der erst 3000 Jahre später durch Kolumbus nach Europa kam, sondern Reste von Mohn und Hanf. Lange bevor man das Bier zum Grundnahrungsmittel erkor, wurde in Bayern also Cannabis geraucht. Die Rede von fehlender Tradition der »kulturfremden« Droge Hanf ist aber nicht aufgrund frühhistorischer Beweise zu relativieren, sondern auch im Blick auf die Neuzeit der letzten Jahrzehnte. Aus dem verschworenen Ritual einiger Beatniks, Hippies und Aussteiger in den 1960er Jahren ist ein Stück Alltagskultur geworden, aus dem mythisch aufgeladenen Distinktionsmerkmal einer Subkultur ein in allen Schichten und Altersgruppen verbreitetes Genussmittel, aus einem exotischen, orientalischen Produkt ein Kraut aus heimischem Anbau, das 40 Prozent aller Deutschen schon mindestens einmal probiert haben.

Diese Entwicklung mag man bedauern, doch sie ist unbestreitbar ein kulturhistorisches Faktum: Auf deutschem Boden brennen die Joints rund um die Uhr. Und 381-mal am Tag – alle vier Minuten – schlägt irgendwo der Prohibitionsapparat zu und verschafft sich mit der Verfolgung eines Cannabisdelikts seine Existenzberechtigung, 139334-mal im Jahr 2012. Wäre diese massenhafte Verfolgung im Sinne ihrer gesetzlichen Dienstvorgabe – der Eliminierung jeglichen Angebots von Cannabis – in irgendeiner Weise effizient, gäbe es nach Jahrzehnten alle vier Minuten exekutierter Prohibition keinen Krümel Hanf mehr, und alle Großdealer säßen im Knast. Doch dem ist nicht so: Um die »Fahndungserfolge« hochzuhalten, jagt der Apparat bevorzugt Konsumenten und Kleinhändler, die 70 Prozent aller

Delinquenten stellen; weniger als 1 Prozent aller Cannabis-verfahren betrifft organisierte Bandenkriminalität.

»Kulturfremd« scheint da weniger der im europäischen Alltag angekommene Hanf zu sein, sondern eher dieser »autopoietische« Verfolgungsapparat, der weder die Nachfrage noch das Angebot von Cannabis stoppt, aber permanente Panik vor Hanf erzeugen muss, um sich weiter von der Jagd auf kleine Kiffer nähren zu können. Da Unternehmen und Bürokratien systembedingt im Lauf der Zeit häufig personelle »Wasserköpfe« ausbilden, müssen sie sich regelmäßigen Überprüfungen ihrer Effizienz unterziehen, was in der Wirtschaft, wo sich jede Kostenersparnis positiv in der Jahresbilanz niederschlägt, naturgemäß sehr viel häufiger geschieht als bei Behörden. Da sich aber auch dort in den letzten Jahren ein Wandel abzeichnet und staatliche Bürokratien sich nicht mehr als sakrosankte Amtswalter des Normativen, sondern als Dienstleister der Bevölkerung begreifen, müsste auch der Prohibitionsapparat – die Gesetzgebungs-, Rechtsprechungs-, Strafverfolgungs-, Verwaltungs- und Gesundheitsbehörden – ihr »Produkt« evaluieren und die Effizienz ihrer Arbeit bewerten lassen.

Da diese Bilanz in Sachen Cannabis verheerend ausfällt – eine Vervierfachung der Strafverfahren in den letzten 30 Jahren hat statt zur Eindämmung zur starken Ausbreitung geführt –, hätte eine »Prohibitions GmbH« als Wirtschaftsunternehmen schon lange Konkurs gemacht. Denn eine Firma, die ihr Geschäftsziel – Schutz der Gesellschaft vor Cannabis – verfehlt und deren »Produkt« – Eindämmung des Konsums durch Strafverfolgung – sich als unwirksam erwiesen hat, hätte keinerlei Existenzberechtigung auf dem Markt. Und ein auf viele Behörden verteiltes Unternehmen wie der Prohibitionsapparat hätte sie selbstverständlich auch nicht, wenn man an seine Dienstleistung für die Allgemeinheit eine nüchterne Kosten-Nutzen-Rechnung anlegt. Deshalb verbitten sich die Prohibitionisten ja auch jede rationale, wissenschaftliche Bemessung der wirklichen Gefährlichkeit von Drogen, wie sie etwa Professor Nutt in England vorgelegt hat. Die Drogenkrieger sind für höhere Werte unterwegs, die mit irdischen Nützlichkeitsmaßstäben nicht zu messen sind: Sie führen einen heiligen Krieg für die drogenfreie Gesellschaft.

»Wenn Alkohol heute erfunden würde, müsste man ihn verbieten«, sagte unlängst ein Staatsanwalt auf einem Podium über die Entkriminalisierung von Drogen auf dem 38. deutschen Strafverteidigertag und demonstrierte damit, dass die Schimäre des Abstinenzdogmas nach wie vor in vielen Köpfen rumort, der Irrglaube, mithilfe des Strafrechts eine drogenfreie Gesellschaft schaffen zu können. Wobei die Kriminalstatistiken zum engen Zusammenhang von Alkohol und Gewaltverbrechen sogar noch nachvollziehbar machen, dass ein Staatsanwalt ihn am liebsten verbieten möchte – auch wenn es dadurch nicht zu einem Rückgang des Konsums und der Verbrechen kommt.

Dieses Abstinenzdogma – das Akzeptanztabu – muss fallen: Genuss- und Rauschmittel sind schon immer Bestandteil und Begleiter menschlicher Kultur. Eine drogenfreie Gesellschaft wird es niemals geben und kann auch mit dem Strafrecht nicht erzwungen werden. Es ist Aufgabe der Gesellschaft, ihre Mitglieder zu einem verantwortungsvollen Gebrauch dieser Substanzen zu erziehen, und die »Prügelstrafe« der Kriminalisierung ist dazu kein geeignetes Mittel. Die Angst, die vor Cannabis geschürt wird, um die Kriminalisierung aufrechtzuhalten, ist unbegründet, denn es ist – wie selbst der Erfinder der Hanfprohibition, Harry Anslinger, zugeben musste – im Vergleich zu anderen legalen und illegalen Drogen »eher harmlos«. Eben deshalb wird Cannabis weltweit von 170 Millionen Menschen, etwa 4 Prozent der (15- bis 64-jährigen) Weltbevölkerung, konsumiert, obwohl dies seit 80 Jahren fast überall verboten ist und lange Haftstrafen und in manchen Ländern sogar die Todesstrafe nach sich ziehen kann – wegen des Konsums einer Pflanze, an der noch nie ein Mensch zu Tode gekommen ist und die Millionen Menschen problemlos nutzen. Von den »zwei Bekannten«, die jeder hat – den Fällen von extremem Konsum, schädlichem Missbrauch und Unverträglichkeit –, können wir absehen, denn sie sind nicht die Regel, sondern die Ausnahme. Und: Sie werden auch durch die Prohibition nicht verhindert, sonst hätten wir solche Bekannten ja gar nicht. Im Gegenteil: Dass zu den sozialen und schulischen Problemen, wegen derer Jugendliche sich in den Hanfrausch flüchten oder Erwachsene zum Dauerkiffer werden, noch Probleme mit Polizei und Justiz kommen, verändert ihre Lage nur weiter zum Schlechteren. Oder um es mit einem variierten Filmtitel Rosa von Praunheims auszudrücken, der für die Entkriminalisierung und Entdiskriminierung der Homosexualität kämpfte: »Nicht der Cannabiskonsument ist pervers, sondern die Situation, in der er lebt.«

3 Prohibitionsschwerter zu Hanfpflugscharen

Wie kann diese Situation geändert werden? Auch wenn Cannabis im Vergleich zu anderen legalen und illegalen Drogen eher harmlos ist, handelt es sich dennoch um eine Substanz, die für Kinder und Jugendliche ungeeignet ist und deren gewohnheitsmäßiger Konsum auch für Erwachsene zu Problemen führen kann. Ein Ende der Prohibition kann also nicht mit einer völligen Freigabe einhergehen, die Hanf den Kräften des freien Markts und der Werbeindustrie überlässt – er kann nur kontrolliert und reguliert freigegeben werden. Vorbild können hier die von den Bürgern Colorados und Washington State beschlossenen Gesetze sein, die nicht nur Bestimmungen zum Jugend- und Verbraucherschutz enthalten, sondern auch die Verwendung der durch die Legalisierung erzielten Steuereinnahmen festlegen: für Bildung, Prävention und Rehabilitation im Drogenbereich.

Dass sich die Tore der Hölle öffnen und Kriminalität, Verkehrsunfälle, Sucht und Wahnsinn um sich greifen würden, wenn die Hanfpflanze legalisiert wird, hatten die Lobbyisten des Prohibitionsapparats in den USA beschworen, als Volksabstimmungen dort die Legalisierung beschlossen. Auch wenn die Daten der erst Anfang 2014 begonnenen Praxis noch nicht aussagekräftig sind – ebenso wenig wie die aus Uruguay, wo 2014 ebenfalls eine Legalisierung in Kraft trat –, muss man kein Nostradamus sein, um vorherzusagen, was von diesen Beschwörungen eintreten wird: nichts! Was aber geschehen wird, wenn Colorado und Washington State die ersten validen Statistiken ihrer neuen Drogenpolitik bekannt geben, lässt sich ebenso vorhersagen: Der gesellschaftliche Nutzen wird die Kosten deutlich übersteigen. Und dies nicht nur, weil Arbeitsplätze geschaffen wurden, zusätzliche Millionen an Steuereinnahmen in die Staatskassen geflossen sind und gleichzeitig viele weitere für die Hanfverfolgung gespart wurden, was zu einem Rückgang der Kriminalität führt, weil die Polizei jetzt verstärkt echte Gesetzesbrecher verfolgt. Sondern auch, weil der Löwenanteil der für die Repression aufgewandten öffentlichen Gelder nun in eine vernünftige Drogenpolitik fließen kann, die nicht mehr den Hanfteufel an die Wand malt und »Knüppel aus dem Sack« spielt, sondern aufklärendes Wissen für den sicheren Gebrauch und ausreichend Hilfe bei problematischem Missbrauch vermittelt.

Es lohnt sich also, die Prohibitionsschwerter zu Hanfpflugscharen zu machen – so sehr, dass der Tabakkonzern Philip Morris in den USA schon die Marke »Marley« registriert hat, was die Cannabisikone Bob Marley vermutlich im Grab rotieren lässt, denn eine »Marlborosierung« hatte er mit seiner Forderung nach einer Legalisierung des heiligen Krauts der Rastafaris mit Sicherheit nicht im Sinn. Eine derartige Kommerzialisierung und Vermarktung sollten durch gesetzliche Vorschriften denn auch verhindert werden, Werbung für Cannabiskonsum darf es nicht geben, und im Zuge dieser Reform müsste dann auch gleich über konsequentere Werbeeinschränkungen für Alkohol, Tabak und Medikamente nachgedacht werden. Wenn schon Kinder, die sich für Fußball interessieren, in der Sportschau mit

Bierwerbung traktiert werden, muss die Drogenbeauftragte sich über 26 000 Kinder und Jugendliche, die 2013 mit lebensgefährlichen Alkoholvergiftungen wegen Komatrinkens in der Notaufnahme landeten, nicht wundern. Solange kein Werbeverbot für die Droge Alkohol ausgesprochen wird, sind Sorge und Betroffenheit über derart erschreckende Zustände freilich nur Krokodilstränen. Zumal Deutschland in der Europäischen Union auch meistens auf der Bremse steht, wenn gegen den Willen der Alkohol-, Tabak- oder Pharmalobby Einschränkungen ihrer Möglichkeiten zur Kundengewinnung beschlossen werden sollen.

Da anders als bei akuter Alkoholvergiftung Notarzteinsätze bei Cannabis nur selten vorkommen (stattdessen wird wegen Heißhungers eher der lokale Pizzalieferant alarmiert), können solche medizinischen Gefahren schlecht für die Prohibitionspropaganda instrumentalisiert werden. Nicht auszudenken dagegen wäre der Alarm, wenn 26 000 junge Menschen wegen eines lebensgefährlichen Hanfvollrauschs im letzten Jahr notfallmedizinischer Behandlung bedurft hätten. Stattdessen hat der Apparat aber einen neuen »Beweis« für die hohe Gefährlichkeit von Hanf gefunden: die seit Jahren rapide steigende Nachfrage nach »Cannabistherapie«. Diese Therapieform beruft sich auf ein vages Krankheitsprofil »cannabis-bezogener Störungen«, das von den »Weißkitteln« des Prohibitionsapparats in den 1990er Jahren erfunden wurde, als nach dem Abflachen des Heroinbooms in den USA und Europa die Nachfrage nach Therapie- und Rehaplätzen für Opiatabhängige zurückging. Da gleichzeitig der Cannabiskonsum weiter zunahm, bot sich an, die Kapazitäten und Forschungsbudgets mit dieser neuen Kundengruppe zu nutzen. Da hier aber keine vergleichbaren Sucht- und Entziehungsprobleme vorlagen, wurde mit der »Cannabis-Related-Disorder« (CRD) ein neues Syndrom geschaffen, dessen psychotherapeutische Beseitigung seitdem vor allem auch deshalb so regen Zulauf erfährt, weil Delinquenten von Gerichten oder Behörden zu einer solchen Therapie verdonnert werden.

Mit dem Hinweis auf eine »erfundene« Krankheit soll nicht bestritten werden, dass es therapiebedürftige »cannabis-bezogene Störungen« tatsächlich gibt ebenso wie die Gefahren bei massivem Konsum von Minderjährigen oder die Unverträglichkeit für Personen mit bestimmten physiologischen oder psychiatrischen Vorbelastungen. In der Regel aber haben diese CRDs mit Cannabis so viel zu tun wie Essstörungen mit dem Essen. Die Zunahme der Nachfrage nach dieser Therapie ist deshalb auch kein Beleg für die Gefährlichkeit des Stoffs selbst noch gar für eine wachsende Gefährlichkeit. Gewachsen ist vielmehr die Nachfrage zur Behandlung eines neu geschaffenen Syndroms, das als Krankheitsbild so zuvor gar nicht existierte. Und das jetzt angesichts »dramatischer« Therapie- und Behandlungszahlen als Beweis für die »neue« Gefährlichkeit von Cannabis herhalten muss – oft unterfüttert mit dem Hinweis, dass diese neue Gefahr auch darauf beruhen würde, dass Cannabis heutzutage viel wirkstoffreicher sei als der Stoff, den die Hippies vor 50 Jahren durch ihr Pfeifchen zogen.

Auch das ist einmal mehr eine haltlose Behauptung aus dem Ministerium für Angstpropaganda: Zwar wurden in jüngerer Zeit Hanfsorten mit einem Wirkstoffgehalt von bis zu 23 Prozent THC gezüchtet, doch spielen diese auf dem illegalen »freien« Markt kaum eine Rolle – umso mehr dagegen in den Apotheken, denn je höher der Gehalt an Wirkstoff, umso weniger Medizin müssen die Patienten zu sich nehmen. Wer sich aber auf dem Schwarzmarkt versorgt, wird mit deutlich schwächeren Qualitäten bedient. Laut der Deutschen Beobachtungsstelle für Drogen und Drogensucht lag der durchschnittliche THC-Gehalt 2010 bei 8,6 Prozent (Marihuana) und 6,8 Prozent (Haschisch), war seit der Jahrtausendwende sogar gefallen und hatte sich im Vergleich zu den 1990er Jahren kaum verändert. In den holländischen Coffeeshops sank der THC-Gehalt der meistverkauften Sorten aus heimischem Anbau von 2004 bis 2013 um mehr als ein Drittel auf 13,5 Prozent THC, bei den stärksten Sorten fiel der Gehalt von 21,5 auf 15,6 Prozent. So weit die Fakten zu dem im Vergleich mit dem »harmlosen« Gras der Hippies immer stärker werdenden und megagefährlichen Stoff, dessen THC-Gehalt aktuell sogar sinkt und sich auch historisch gar nicht verändert hat. Eine Untersuchung von Haschischproben aus dem Jahr 1978, veröffentlicht im »Bulletin on Narcotics« (Nr. 1/1980), wies THC-Anteile von 4,2 bis 26 Prozent auf.

Was sich seitdem verändert hat, sind also nicht die Qualität und die Gefährlichkeit von Hanf, sondern seine Verbreitung und damit logischerweise auch die Anzahl der Fälle von »problematischem Konsum«. Beides hat die Prohibition nicht verhindert und wird es auch in Zukunft nicht tun, denn was bei einer wachsenden Verbreitung im Sinne der Schadensminderung zu tun wäre, kann das Strafrecht nicht leisten: die Vermittlung von Konsumkompetenz. Dass es beim Tabak durch Aufklärung und Einschränkungen der Werbemöglichkeiten zu einem stetigen Rückgang des Konsums gekommen ist – auch und gerade bei den besonders schützenswerten jüngeren Altersgruppen –, demonstriert den Erfolg staatlicher Steuerungsinstrumente, die auch bei Cannabis greifen würden, wie die Zahlen aus den Niederlanden und Portugal zeigen. Statt Tore der Hölle eröffnet die Legalisierung also konkrete Perspektiven: für mehr und bessere Prävention und Rehabilitation und eine insgesamt schadensmindernde Drogenpolitik sowie für eine prosperierende Wirtschaft, deren Erträge statt den Kassen der Mafia nunmehr der Allgemeinheit zugute kommen.

Dazu muss eine Reform des geltenden Betäubungsmittelrechts – nach den oben geforderten Eiländerungen in Sachen Medizin – in Sachen Cannabis Folgendes leisten:

- eine vollständige Entkriminalisierung alle konsumbezogenen Cannabisdelikte (Besitz, Erwerb und begrenzter Anbau zum Eigenbedarf)
- Jugend- und Verbraucherschutzvorschriften für den lizenzierten Verkauf und Konsum in »Cannabisclubs«
- Regelungen zur Lizenzierung des kommerziellen Anbaus und gegebenenfalls des Imports aus »fairem Handel« mit traditionellen Anbauländern

In *Die Wiederentdeckung der Nutzpflanze Hanf* hatten wir 1993 ausgerechnet, dass ein mittleres Landgut von etwa 200 Hektar ausreichen würde, um den Bedarf der Bundesrepublik mit Cannabis zu decken. Aus der Zentralstaatsperspektive betrachtet, sollte ein solches Staatshanfgut (wegen der seit 1993 verdoppelten Konsumentenzahlen müsste es jetzt vielleicht 400 Hektar bewirtschaften) unter staatlicher Monopolverwaltung, das wie einst in Happing/Oberbayern Eins-a-Marihuana produziert, den Bürokraten des Prohibitionsapparats eigentlich sogar gefallen. Aus wirtschaftlicher Sicht haben sich derart monopolisierte Staatsbetriebe allerdings nicht sehr oft bewährt, weshalb auch das »Cannabusiness« eher einer regulierten und kontrollierten Privatwirtschaft überlassen werden sollte.

Während ich dies schreibe, melden die Nachrichten, dass die Zahl der »Drogentoten« in Deutschland wieder gestiegen ist – 1 002 Menschen kamen 2013 direkt oder indirekt durch illegale Drogen zu Tode. Selbstverständlich hatte keiner dieser Todesfälle irgendetwas mit Hanf zu tun, die meisten betrafen Heroin und andere Opiate – doch auch die allermeisten dieser Toten würden noch leben, wenn sie ihren Stoff kontrolliert und sauber aus der Apotheke oder vom Gesundheitsamt beziehen könnten. Denn sie wurden nicht zum Opfer der Droge, sondern des Drogenverbots, des mörderischen Wütens der Prohibition. »Opium heilt alles – außer sich selbst« heißt es in einem alten arabischen Sprichwort: Opiate haben keine schädlichen Nebenwirkungen auf die Organe, auch ein Heroinsüchtiger könnte steinalt werden und ein weitgehend normales Leben führen, solange er seine tägliche Ration bekommt. Dass man Krieg gegen ihn führt, ihn in die Kriminalität zwingt und ihn an vielfach verschnittenem, unkalkulierbarem Stoff und infektiösen Spritzen verrecken lässt – das ist, in den Augen der Prohibitionisten nach wie vor das »richtige Signal« für eine verantwortungsvolle Drogenpolitik. Doch de facto ist es ein perverses Menschenopfer, das im Namen des Staats Jahr für Jahr einem Götzen dargebracht wird: dem Abstinenzdogma, der Wahnvorstellung einer »drogenfreien« Gesellschaft und dem Irrsinn, diese mit Kriminalstrafen durchzusetzen.

Wie kann es sein, dass wir angeblich im 21. Jahrhundert

in einer aufgeklärten, der Vernunft und Humanität verpflichteten Zivilgesellschaft leben und uns gleichzeitig einem heiligen Krieg gegen einen unbesiegbaren »Feind« hingeben, der weitaus mehr Menschleben kostet, als er rettet? Ist eine auf Konsum und stetiges Wachstum des Konsums getrimmte Gesellschaft unbewusst gezwungen, bestimmte Konsumenten als »Süchtige« auszugrenzen und sie – wie die archaischen Gemeinden in Griechenland ihren »Sündenbock« – zu bestrafen und zu töten? Das griechische Wort für den Sündenbock ist »pharmakos«, und er war das rituelle »Heilmittel«, mit dem sich die Gemeinde vor Krankheiten und Übel schützte, mit einem Menschenopfer und später dann mit einem Ziegenbock oder Opfertier. Etwa im sechsten Jahrhundert vor Christus erfährt der alte Begriff des Heilmittels dann einen Wandel und bezeichnet von nun an die neuen, »modernen« Heilmethoden: »Arznei«, »Medikament«, »Droge« – Heilkräuter wie den Hanf. Dass dieser in ferner Zukunft einmal einer Pharmakratie anheim fallen könnte, hätten sich die alten Griechen wohl nicht träumen lassen – und schon gar nicht, dass sich einmal eine Priesterschaft der Prohibition aufschwingen würde, die aus ihrer willkürlichen Unterscheidung von legalen und illegalen Kräutern eine Religion machen würde und aus der Verfolgung und Bestrafung von »Ungläubigen« ein gigantisches Geschäft, einen Apparat, dessen Häscher in Deutschland alle vier Minuten einen Hanftäter ergreifen und der heiligen Inquisition überführen, die ihn zum Sündenbock stempelt.

Es ist an der Zeit, dieser Priesterschaft der Prohibition die Gefolgschaft zu versagen und ihre permanenten Predigten von der Hölle, die sich auftut, wenn sie Cannabis nicht mehr mit dem Strafrecht verfolgt, als das zu sehen, was sie sind:

Schauermärchen zum Zwecke der Selbstlegitimation als Retter und Beschützer, Feindpropaganda zum Zwecke stetiger Aufrüstung im Drogenkrieg, Budgetbeschaffung für einen autopoietischen Apparat. Wie es einst der Hohepriester der Hanfverbote, Harry Anslinger, formulierte: »Man muss nur eine Sache als Problem bezeichnen und sich anbieten, sie zu lösen, dann ist man auch kompetent.«

Es ist an der Zeit, dieser selbsternannten Kompetenz zum Umgang mit Drogen und zur Eindämmung ihres Missbrauchs die Verantwortung zu entziehen und klarzumachen, dass das Problem nicht in der Existenz von Drogen liegt, sondern in der Praxis, sie der Menschheit mithilfe des Strafrechts auszutreiben. Versuch und Irrtum sind die grundlegende Lernmethode der Evolution, wenn Irrtümer erkannt und beim nächsten Versuch nicht wiederholt werden. Wer das tut, entwickelt sich nicht weiter, sondern verrennt sich in einer Sackgasse. Dass der Versuch, den Missbrauch von Drogen durch Kriminalisierung zu beenden, in eine solche Sackgasse geführt hat, ist offensichtlich. Deshalb gilt es, diesen Irrtum ohne Wenn und Aber einzugestehen und die Alternative ins Auge zu fassen: die Friedensdividende, die der Gesellschaft zugute kommt, wenn sie aus der Sackgasse des »Kriegs gegen Drogen« umkehrt.

Wie sich diese »Friedensdividende« konkret zusammensetzt, kann jederzeit auf der »Prohibitionsuhr« abgelesen werden, die der »Deutsche Hanf Verband« (DHV) auf seiner Website integriert hat und die die Zahl der Delikte, die Kosten des Prohibitionsapparats und die möglichen Einnahmen nach der Legalisierung in einem »Liveticker« anzeigt.[16] Neben den Einsparungen durch Wegfall der Prohibitionskosten von 1,5 Milliarden Euro im Jahr hat der DHV anhand verschiedener internationaler Studien und eigenen Schätzungen auch die wirtschaftlichen Effekte dargelegt, die ein legalisierter Cannabismarkt mit sich bringen wird. Neben direkten Steuereinnahmen von etwa weiteren 2 Milliarden Euro durch den Verkauf von Cannabis kommen dazu indirekte Einnahmen über die circa 25 000 neuen Arbeitsplätze im Anbau und den circa 3 000 Abgabestellen in Deutschland. Mit diesen über 4 Milliarden Euro im Jahr können die Ausgaben für Aufklärung, Vorbeugung, Beratung und Therapie vervielfacht werden; die Kriminalität sinkt, nicht nur weil über 130 000 Ermittlungsverfahren wegen Cannabis wegfallen, sondern weil stattdessen mehr wirkliche Verbrechen verfolgt werden. Der Mafia und anderen organisierten Kriminellen werden Milliarden von Einnahmen entzogen, Geldwäsche und Schattenwirtschaft werden reduziert. Für Millionen Konsumenten, die sich auf dem Schwarzmarkt bedienen, wird ein wirksamer Verbraucherschutz realisiert, der Gesundheitsgefahren durch verunreinigten Hanf und den Kontakt mit anderen illegalen Drogen ausschließt. Für abenteuerlustige Jugendliche entfällt der Reiz des Verbotenen, wenn ihre Übertretungen nicht mehr mit der Polizei geahndet werden, sondern mit Beratung und Therapie. Und last but not least: Die allgemeine Akzeptanz des Rechtsstaats und der Gesetze steigt. Denn wie Albert Einstein angesichts der Alkoholprohibition in den USA feststellte: »Das Ansehen der Regierung wurde durch das Prohibitionsgesetz zweifellos beträchtlich beschädigt. Denn nichts ist schädlicher für den Respekt vor der Regierung und dem Recht als die Verabschiedung eines Gesetzes, das nicht durchgesetzt werden kann. Es ist ein offenes Geheimnis, dass der gefährliche Anstieg der Kriminalität in diesen Land damit eng verbunden ist.«

Die Alkoholprohibition in Amerika wurde 1933 nach 14 Jahren aufgeben, weil ihre Nebenwirkungen weitaus schädlicher waren als der Alkohol selbst – aus kleinen Gangsterbanden mit italienischem, irischem und jüdischem Migrationshintergrund waren milliardenschwere Konzernsyndikate geworden, die mit Korruption und Gewalt schon ganze Städte und Landkreise unterwandert hatten. Mittlerweile ist es wieder so weit: In Mexiko, dem Transitland für den Drogenschmuggel in die USA, sind durch Bandenkriege in den letzten Jahren über 40 000 Menschen ums Leben gekommen. Auch dies einer der Gründe, warum zwar noch nicht die Regierung, aber die Bürger der USA in Volksabstimmungen für die Cannabislegalisierung gesorgt haben – und damit für den Anfang vom Ende jenes Prohibitionsapparats, der sich nach dem Scheitern der Alkoholverfolgung den Hanf als Ersatzfeind vorgenommen hatte. Dass er im Mutterland der Hanfdämonisierung jetzt als Papiertiger entlarvt wird, dass die Bürgerinnen und Bürger parteiübergreifend nicht mehr auf die Horrorpropaganda der Prohibitionisten hereinfallen, dass das Wissen über die segensreiche Wirkung des Heilmittels und die vergleichsweise ungefährlichen Nebenwirkungen des Genussmittels Hanf sich durchgesetzt haben, dass nüchterne Kosten-Nutzen-Rechner an die Stelle eifernder Glaubenskrieger treten und realpolitischer Verstand die brachiale Durchsetzung fundamentalistischer Dogmen ablöst – diese Erkenntnisse und Fakten werden auch Deutschland und Europa nicht ignorieren können.

Selbst wenn die Priesterschaft der Prohibition versuchen wird, ihre Ineffizienz und Inkompetenz mit neuen Horrorstorys zu kompensieren, und sich der wohlbestallte und beamtete Repressionsapparat nur unwillig Reformen und Transformationen unterzieht: Die Katze ist aus dem Sack, Aufklärung und allgemeines Wissen über Cannabis haben die Höllenmärchen der Inquisition erledigt, und dieses Rad lässt sich nicht mehr zurückdrehen. Und selbst diejenigen, die immer noch glauben, dass Cannabis zum Wahnsinn führt oder zu Gehirnschäden oder zu härteren Drogen und zu Sucht und Ruin, müssen einsehen, dass die Prohibition der falsche Weg ist, diesen Gefahren zu begegnen.

Als ich vor 40 Jahren zum Studium nach Westberlin gekommen war und Pink Floyd zum Konzert in der Deutschlandhalle angekündigt wurde, fragte ich meine Kommilitonen, wo man denn in der Stadt etwas Haschisch kaufen könnte. »Wish You Were Here« bei einem Joint live zu erleben, stellte ich mir großartig vor. Was es dann auch war, doch zuvor wurde ich zum Denkmal des Turnvaters Jahn in die Kreuzberger Hasenheide geschickt, wo ich für 20 Mark etwa 2 Gramm afghanisches Haschisch kaufte. Obwohl die Polizei mittlerweile abertausende Razzien veranstaltet hat und im Park permanent auf Streife ist, können Sie noch heute dort unter den Augen des Vorturners der Nation für 20 Euro etwa 2 Gramm Cannabis kaufen. Seit die Bundeswehr in Afghanistan die größte Opium- und Heroinproduktion aller Zeiten bewacht (weil unsere alliierten Warlords damit finanziert werden, mehr dazu in meinem Buch *Die Drogenlüge*, 2010), soll sogar »schwarzer Afghane«, der fast völlig vom Markt verschwunden war, gelegentlich wieder erhältlich sein.

Vier Jahrzehnte Prohibition, Millionen von Strafverfahren und tausende Jahre Haftstrafen haben an der Situation nichts geändert – bis auf die Tatsache, dass wegen der steigenden Nachfrage noch eine zweite »Filiale« im nahegelegenen Görlitzer Park entstanden ist. Ich wohne nur ein paar Schritte vom »Görli« entfernt. Der türkische Club, der dort seinen Platz hat, war der erste Fußballverein meines Sohns, und jetzt gehe ich mit meinen Enkeln dort über den Kinderbauernhof spazieren. Seit etwa zehn Jahren wird im Görli Cannabis verkauft, meist von jungen afrikanischen Männern, die in Gruppen an den Parkeingängen stehen. Etwa jeden zweiten Tag macht die Polizei hier eine Razzia, beschlagnahmt ein paar Tütchen Gras und nimmt einige der Dealer mit. Doch kaum ist die Luft rein, stehen sie schon wieder da.

Weil das seit zehn Jahren so geht und offensichtlich nicht abzustellen ist – wie auch, wo der Prohibitionsapparat nicht einmal in der Lage ist, seine eigenen Gefängnisse drogenfrei zu halten –, will die grüne Bezirksregierung vom Bundesamt für Arzneimittel jetzt eine Sondergenehmigung zur Eröffnung einer regulären Verkaufsstelle erhalten. Der SPD/CDU-geführte Senat Berlins lehnt derlei Lösungsvorschläge ebenso brüsk ab wie die Bundesregierung. Und ich als Anwohner habe ebenfalls Bedenken, wenn auch nicht drogenpolitischer, sondern ganz eigennütziger Art: Auf die Massen, die eine solche Attraktion in den bei schönem Wetter ohnehin schon vollen Park zieht, möchte ich gern verzichten. Dennoch wäre ein Coffeeshop oder Cannabisclub in Kreuzberg absolut sinnvoll. Und wenn in Mitte, Tiergarten, Prenzlauer Berg und den anderen Bezirken und deutschen Städten ebenfalls ein Coffeeshop oder Cannabisclub eröffnen kann, wäre ich mit einer Premiere im »Görli« sogar einverstanden. Um ihn auch meinen Enkeln zu zeigen und zu erklären, was Cannabis ist, so wie ich es mit den Kindern als Teenies getan habe, als wir in Amsterdam einen Coffeeshop besuchten, einen Kakao tranken und ich für 10 Gulden Marihuana kaufte. Ohne Prohibition die normalste Sache der Welt wie eine Bierkneipe, Weinstube oder eine Cocktailbar – in die ja auch niemand muss. Aber es steht jedem frei. Die meisten, die dort hingehen, können mit Bier, Wein und Schnaps umgehen, wenige können es nicht, denen muss man helfen, doch den allermeisten gelingt es, ihr Maß und ihr Limit zu finden – und ihr Vergnügen damit zu haben, sich »zu betäuben, ohne zu schlafen«.

»Es ist eine Forderung der Natur, dass der Mensch mitunter betäubt werde, ohne zu schlafen«, schrieb der Dichter und Naturforscher Johann Wolfgang von Goethe, und dieser natürlichen Forderung kommen die Genuss- und Rauschmittel nach: der Kaffee, der uns die Müdigkeit aus den Gliedern treibt, das Bier, das den Durst löscht, anregt und entspannt, der Wein, der uns »selig« macht, und der Hanf, der körperliche und geistige Verkrampfungen löst und uns »high« werden lässt. Auf natürliche Weise, mit den Molekülen und Wirkstoffen, die die Pflanze uns bereitstellt und die auch unser Körper selbst produziert. Dies mit Strafgesetzen zu verbieten und Krieg gegen eine Pflanze und ihre Benutzer zu führen ist insofern nichts anderes als ein Krieg gegen etwas zutiefst Menschliches, gegen unsere eigenen Säfte und Kräfte, ein Krieg wider die Natur. Und dies ist auch der eigentliche Grund, warum die Prohibition, wie wir gesehen haben, nicht funktioniert und nie funktionieren wird, selbst wenn wir das Doppelte und Dreifache in ihren

Apparat investieren: Sie läuft dem natürlichen Bedürfnis des Menschen, sich gelegentlich »zu betäuben, ohne zu schlafen« zuwider. Und sie gründet auf einer utopischen Wahnidee: mit Gewalt eine Welt ohne Betäubungsmittel schaffen zu können.

Dieser gefährliche Wahnsinn muss beendet werden, denn mit Krieg ist die Weltmacht Droge nicht zu beseitigen, die Gesellschaft muss ihre Existenz auf diesem Planeten akzeptieren und Frieden damit schließen. So wie sie Frieden mit der Sexualität geschlossen hat, über die zu reden ein Tabu war und über die heute selbstverständlich an Schulen aufgeklärt wird; so wie sie als »Kuppelei« strafbare Wohnungsvermietung an unverheiratete Paare legalisiert hat oder die erotischen Gefühle gleichgeschlechtlicher Partner, die lange kriminalisiert waren, so wie sie die Rechte von Kindern stärkte, die nicht mehr legal verprügelt werden dürfen, oder die Rechte der Frauen, die von ihrem Ehemann nicht mehr straflos vergewaltigt werden dürfen. Heute alles Selbstverständlichkeiten zivilisierter, liberaler Gesellschaften, die aber vor gar nicht langer Zeit als Tabus galten, deren Verletzung strafrechtlich verfolgt beziehungsweise (was die Erniedrigung von Kindern und Frauen betrifft) ignoriert wurde. Möglich wurden diese Entwicklungen dadurch, dass Aufklärung und Wissensvermittlung die traditionellen, rechtlich verankerten Glaubensartikel – von der Zweitrangigkeit der Frau, der Minderwertigkeit von Kindern, der Krankhaftigkeit Homosexueller oder der Unsittlichkeit unverheirateter Sexualpartner – ersetzten und der Staat sich deshalb versagen musste, in das Privatleben seiner Bürger mit dem Strafrecht einzugreifen.

Die Ablösung einer solchen rechtlich verankerten Tradition steht jetzt auch für das Betäubungsmittelgesetz an: Das Dogma, durch Kriminalisierung des Drogenkonsums eine drogenfreie Welt schaffen zu können, ist empirisch widerlegt, und damit muss auch das Tabu weichen, das die Existenz von Drogen und Drogenkonsumenten nicht als Normalität akzeptieren will. Die knapp 40 Prozent aller Deutschen, die mindestens einmal Cannabis konsumierten, und die 7 Prozent, die es gelegentlich oder regelmäßig tun, sind keine Kriminellen, genauso wenig wie die Millionen, die Alkohol konsumieren oder täglich legale oder illegale Pharmazeutika verwenden. Solange sie niemand anderem damit schaden, hat der Staat kein Recht, sie mit Strafgesetzen zu verfolgen. Und die Legalisierung von Cannabis, der nützlichsten Pflanze dieser Erde, kann hier tatsächlich einmal als »Einstiegsdroge« fungieren: für den Einstieg in eine Wende der Drogenpolitik und das Ende der ebenso unmenschlichen wie ineffizienten und destruktiven Ära der Prohibition.

Anhang

Was sind Cannabinoide ?

Von Professor Dr. Robert Melamade, Leiter des Biologie-Departments der Universität Colorado[17]

Das Cannabinoidsystem existiert seit etwa 600 Millionen Jahren, es ist älter als die Dinosaurier. Das Cannabinoidsystem evolvierte kontinuierlich und ist von allen neuen Spezies übernommen worden. Für das »Futtern und Füttern« spielt das Cannabinoidsystem eine zentrale Rolle ...

1. Cannabinoide kommen in jedem lebenden höheren Tier oberhalb der Stufe von Polypen und Molluskeln vor, mit Ausnahme der Insekten. Das Cannabinoidsystem hält die Körper im homöostatischen Gleichgewicht.
2. Mütter geben ihren Babys eine Ladung Cannabinoide mit der Muttermilch, um ihnen Heißhunger zu verschaffen – damit sie das Essen lernen. (Weil sie durch die Nabelschnur ernährt wurden, können Babys das nicht.)
3. Mäuse ohne einen CB-1-Cannabinoidrezeptor mögen keinerlei Veränderung. Wenn sie in eine andere Ecke des Käfigs gesetzt werden, regen sie sich auf, wenn man sie an den alten Punkt zurück setzt, entspannen sie – um sich wieder zu erregen, wenn man sie umsetzt.

(Kommentar: Ich frage mich, ob manche Leute, besonders »Drogenkrieger«, vielleicht auch einen blockierten CB-1-Rezeptor haben und sich deshalb jeder Veränderung widersetzen, während Leute mit einem nicht blockierten CB-1-Rezeptor viel entspannter sind und keine Angst vor Veränderungen haben. Ein interessanter Gedanke – und erstaunlicherweise absolut korrekt: Die Gehirne vieler Menschen sind nicht fähig, gute CB-1-/CB-2-Verbindungen herzustellen.)

4. Alle neuen Spezies benutzen Cannabinoide.

5. Durch ihr Lebendigsein und das Atmen von Luft produzieren unsere Körper »freie Radikale«. Cannabinoide helfen, dies rückgängig zu machen.

6. Cannabinoide töten Gehirnzellen, aber die Zellen, die sie töten, werden »Glioma« genannt: Es sind die Tumorzellen bei Gehirnkrebs. Alle anderen Gehirnzellen werden von Cannabinoiden geschützt und geheilt.

7. Cannabinoide schützen gegen Sonnenbrand und Hautkrebs wegen der CB-1-Rezeptoren in unserer Haut.

8. Cannabinoide verlangsamen den Alterungsprozess. Mäuse, deren Gehirn auf Cannabinoide reagiert, leben länger als solche, deren CB-1-Rezeptor blockiert wurde.

9. Die Aktivitäten in den evolutionär fortgeschrittenen Bereichen des Gehirns beruhen auf Cannabinoidrezeptoren und fördern höhere Ebenen des Bewusstseins.

10. Cannabinoide wurden sogar in weißen Blutkörperchen gefunden (CB-2-Rezeptoren). Diese CB-2-Rezeptoren wurden vorwiegend in immunologischen Zellen gefunden, die den Wechsel des Immunsystems in den »Anti-Entzündungszustand« regulieren.

11. Cannabinoide schützen das Herz vor Arhythmie.

12. Ihre Art, gegen Schmerzen zu helfen, betrifft die speziellen Nerven der Schmerzübertragung. Sie werden Vanilloidrezeptoren genannt. Die Anandamide, der vom Körper selbst produzierte Marihuana-Wirkstoff, verbinden sich mit den Nervenenden und reduzieren den Schmerz. Anandamide werden vom Körper als Antwort auf eine Reihe von Zuständen produziert. Zum Beispiel verhindert Aspirin den Abbau von Anandamiden und hilft deshalb gegen Schmerzen. Wie viele alte Damen, die sagen, dass sie »niemals« Marihuana konsumieren würden, nutzen das körpereigene Äquivalent, ohne das überhaupt zu wissen?

13. In den meisten Fällen von Autoimmunkrankheiten produzieren die Immunzellen des Körpers »freie Radikale«, die den eigenen Körper wie ein fremdes Objekt angreifen. Cannabis bringt das Immunsystem in den entzündungshemmenden Zustand und hilft, das Fortschreiten der Krankheit zu verlangsamen – und so das Leben zu verlängern.

14. Der Wirkstoff von Marihuana besteht nicht nur aus THC, sondern auch aus dem nicht-psychoaktiven Cannabidiol (CBD). Der Mechanismus ist noch nicht genau erforscht, klar ist jedoch, dass Hanf mit hohem CBD-Gehalt das psychoaktive »High« des THC zunichte macht.

15. Außer sich an die Rezeptoren in den höheren Bereichen des Gehirns anzuhängen, wirken Cannabinoide noch in vielen anderen Teilen des Körpers – sie wirken auf die Haut und viele andere Stellen ein.

16. Pharmazeutische Firmen arbeiten an der Synthetisierung verschiedener Cannabinoidkomponenten und neuen Sorten von Marihuana. Wenn sie erfolgreich

sind, werden wir eine größere Wahl haben, welche Cannabinoide welchen Bereichen des Körpers am besten nutzen.

17. Wegen der Lokalisierung von CB-1/CB-2 als Hauptrezeptoren des Gehirns scheint es eine natürliche Sache für die Menschheit, »stoned« zu sein.

18. Drogenkrieger tun, was sie tun, nicht weil sie absichtlich böse sind, sondern eher, weil sie noch primitiv sind (»stumpfsinnig« könnte man sagen). Sie schauen voller Angst und Feindlichkeit auf die Welt und nicht kooperativ und verständnisvoll.

19. Laut einer Studie über die Gehirnfunktion von 150 depressiven Patienten schützt Cannabis vor dem Absterben gesunder Zellen und schützt die Nerven.

20. Cannabinoide erweitern die Bronchien und helfen Asthmapatienten zu atmen. Wegen der Balance, die unser Körper aufrechterhält, kann es aber auch Gelegenheiten geben, wo sie entgegengesetzt wirken …

21. Cannabinoide kontrollieren, wie wir die Zukunft sehen. Wenn man mit schlechten Erfahrungen erfüllt ist, hat man Angst vor der Zukunft. Mit reichlich Cannabinoiden dagegen will man in der Zukunft sein. Der Unfähigkeit zur Veränderung steht die freudige Begrüßung der Zukunft und des Wechsels gegenüber.

22. Cannabinoide können vor verschiedenen Krebsarten schützen; sie könnten in der Zukunft auch dazu beitragen, Krebs zu heilen. Sie haben eine Methode entwickelt, die schlechten Zellen zu töten und die guten zu schützen.

23. Cannabinoide lindern Leberkrankheiten und unkontrollierbaren Juckreiz. Sie wirken ebenso gegen Schlaf-

losigkeit und Depression – und das seit 600 Millionen Jahren.

24. THC in geringer Dosierung mindert Angst, während hohe Dosierung Ängste fördern kann. Das Rauchen von Marihuana kann Angst mindern. Oral eingenommen, verändert sich Delta-9-THC beim ersten Durchgang in der Leber zu Delta-11-THC, das eine fünfmal höhere psychoaktive und sehr viel längere Wirkung hat.

25. Cannabis schützt Nervenzellen vor dem Absterben und schützt deshalb auch vor Alzheimer.

26. Kopfverletzungen verursachen verstärkte Produktion von körpereigenen Cannabinoiden, mit denen der Körper sich schützt; auch vor Nervengas schützt sich der Körper mit Cannabinoiden. Cannabinoide regen die Aktivierung eines speziellen Gens an. Dies ist unter anderem an einem Modellorganismus, einem einfachen Wurm, erforscht worden. Diese Würmer haben ein sehr einfaches Nervensystem, und es stellte sich heraus, dass die beteiligten Moleküle den sogenannten »transcription factor« regulieren, der die Gene »einschaltet«. Wenn der Ausdruck dieses bestimmten Gens aktiviert wird, wird die Lebensdauer der Würmer verlängert. Dies haben wir schon bei den Mäusen gesehen. Weil Marihuana »freie Radikale« zerstört, leben Menschen, die Cannabis benutzen, länger und sehen jünger aus. Marihuana fördert die Gesundheit durch seine Wirkung auf Nervenzellen, indem es das Immunsystem im Gleichgewicht hält und die Fettablagerungen im Herz-Kreislauf-System mindert.

27. Neue Forschungen haben gezeigt, dass das Argument, Hanf müsse illegal bleiben, weil er »Krebs erzeugt«,

nicht länger haltbar ist. In der Kehle gibt es Nikotinrezeptoren, aber keine Cannabinoidrezeptoren. Zellen haben ein biochemisches Programm, das »Apoptose« genannt wird; es wird aktiviert, wenn Zellen schon zu sehr zerstört sind, um sich selbst zu reparieren: Sie begehen Selbstmord. Dies wird auf biochemischem Weg kontrolliert. Nikotin aber aktiviert einen Pfad, der die Zellen am Sterben hindert. Irgendetwas zu rauchen bringt immer Karzinogene in die Atemwege und das Herz-Kreislauf-System. Zellen, die vom Rauch zerstört sind, sterben ab – und das soll auch geschehen: Sie sterben, bevor sie zu Krebszellen werden.

28. Dass Cannabinoide schmerzlindernd wirken, ist lange bekannt. Doch erst seit kurzem kennen wir auch die molekularen Mechanismen des Schmerzes und des Cannabinoidsystems. Wir wissen jetzt, dass es Überschneidungen zwischen dem Cannabinoidsystem und dem körpereigenen Opiatsystem, den Endorphinen, gibt – und dass sie sich gegenseitig verstärken. So können Menschen, die zur Schmerzbekämpfung auf Morphin angewiesen sind, die Dosierung um 50 Prozent senken, wenn sie Cannabinoide benutzen.

29. In jedem einzelnen System unseres Körpers – Nervensystem, Verdauungssystem, Reproduktionssystem, Immunsystem – sind Cannabinoide involviert, um das aufrechtzuerhalten, was wir homöostatische Balance – Gleichgewicht – nennen. Es ist ein biochemisches Netzwerk, das alles in unserem Körper beeinflusst – auch unseren Geist. Aber wenn das Ganze stets mehr als die Summe seiner Teile ist, was ist dann das größere Ganze des Cannabinoidsystems? Wenn wir sehen, wie Canna-

binoide das Ernährungs-, Verdauungs- und Immunsystem regulieren, was ist dann die Wirkung auf den Geist? Meiner Meinung nach erweitern sie unseren Geist, befreien uns davon, auf einer Spur des Denkens gefesselt zu sein, und dies ist genau die Art des Denkens, die wir brauchen, wenn wir uns in Richtung Zukunft bewegen, die immer aus Unbekanntem besteht. Das Cannabinoidsystem gibt die Möglichkeit, uns auf friedliche und freundliche Art auf Veränderungen einzustellen und dafür offen zu sein. Das Cannabinoidsystem ist ein holistisches Gesundheitsprogramm. Das Gleichgewicht für eine optimale Gesundheit beruht auf dem Cannabinoidsystem. Deshalb sollte Cannabis überall erhältlich sein und angemessen benutzt werden.

Resolution deutscher Strafrechtsprofessorinnen und -professoren an die Abgeordneten des Deutschen Bundestages[18]

A. Notwendigkeit der Überprüfung der Wirksamkeit des Betäubungsmittelgesetzes

Die Unterzeichnenden wollen den Gesetzgeber auf die unbeabsichtigten schädlichen Nebenwirkungen und Folgen der Kriminalisierung bestimmter Drogen aufmerksam machen. Sie wollen das Parlament anregen, bezüglich dieser Thematik seinem verfassungsrechtlichen Auftrag im Allgemeinen und den wissenschaftlich begründeten Prinzipien von Strafgesetzgebung und Kriminalpolitik im Besonderen durch die Einrichtung einer Enquetekommission Rechnung zu tragen. Sowohl aus strafrechtswissenschaftlicher Sicht als auch aufgrund empirischer Forschungsergebnisse besteht die dringende Notwendigkeit, die Geeignetheit, Erforderlichkeit und normative Angemessenheit des Betäubungsmittelstrafrechts zu überprüfen und gegebenenfalls Vorschläge zu Gesetzesänderungen aus solcher Evaluation abzuleiten.

Eine solche Initiative mag vielen von Ihnen unangebracht und aussichtslos erscheinen, wo doch das Bundesverfassungsgericht in seiner Cannabis-Entscheidung 1994 die Verfassungsmäßigkeit des geltenden Betäubungsmittelstrafrechts grundsätzlich bestätigt hat. Gleichwohl gibt es aus unserer Sicht 17 Jahre danach Anlass, diese Thematik neuerlich auf die rechtspolitische Agenda zu setzen. Zum einen zeigt sich weltweit die Erfolglosigkeit strafrechtlicher Bekämpfung von Drogennachfrage und -angebot. Zum anderen sind derzeit Auswüchse der Kriminalisierung zu beobachten, welche erst recht parlamentarisches Nachdenken erfordern. Nur zwei Beispiele: Die Finanzierung des Taliban-Terrorismus in und aus Afghanistan erfolgt allen Erkenntnissen zufolge weitgehend über den Schwarzmarkt mit Heroin und Haschisch. Und: Tausende von Toten in dem aktuellen »Krieg der Drogenkartelle« in Mexiko sind weitgehend den Kartellkämpfen um exorbitante Profite auf dem Schwarzmarkt zuzurechnen. Der Schwarzmarkt generiert eine extreme und globalisierte Schattenwirtschaft mit weiterer Folgekriminalität und destabilisierenden Auswirkungen auf globale Finanzmärkte ebenso wie nationale Volkswirtschaften. Angesichts effektiver informeller Geldtransfersysteme (zum Beispiel Hawala-System) kann Geldwäschekontrolle nicht funktionieren. Demgegenüber zeigen alle wissenschaftlichen Erkenntnisse, dass die Gefährdungen durch bislang illegale Drogen ebenso wie solche durch Medikamente und Alkohol besser durch gesundheitsrechtliche Regulierung mit akzessorischer ordnungs- oder strafrechtlicher Sanktionierung sowie mit adäquaten Jugendhilfemaßnahmen zu bewältigen wären.

Ein weiterer Anlass für unsere Initiative: Diverse Quasi-Feldexperimente mit der liberalisierten Zugänglichkeit oder Vergabe von bislang illegalen Drogen (zum Beispiel Niederlande, Schweiz, Spanien, Portugal) ergaben, dass die befürchtete Ausweitung des Drogenkonsums ausbleibt. Außerdem hat sich das drogenpolitische Klima in den bislang im repressiven Drogenregime federführenden USA stark zu verändern begonnen. Beispielhaft seien genannt: am 10. 12. 2009 die Einrichtung eines Ausschusses des Repräsentantenhauses zur Untersuchung des Scheiterns der Drogenpolitik, diverse auf YouTube anzusehende Reden von US-Professoren und -Polizeifunktionären (siehe Links www.schildower-kreis.de), die am 2.11. stattfindende Volksbefragung zur Freigabe von Cannabis (»Proposition 19«) in Kalifornien, die zunehmende Legalisierung von Cannabis als Medizin (bislang in 16 US-Bundesstaaten). Die Obama-Regierung hat stillschweigend den Paradigmenwechsel vom »Krieg gegen die Drogen« zu gesundheitspolitischen Strategien vollzogen.

Die Notwendigkeit der Einrichtung einer Enquetekommission des Bundestages ergibt sich daraus, dass der Gesetzgeber gemäß dem allgemeinen Verhältnismäßigkeitsprinzip der Verfassung hinsichtlich geltender Gesetze eine Überprüfungspflicht hat und auf deutliche Veränderungen in der sozialen Wirklichkeit und in der Wissenschaft reagieren muss.

B. Thesen zur Begründung

Die strafrechtliche Drogenprohibition ist gescheitert, sozialschädlich und unökonomisch.

1. Mit der Drogenprohibition gibt der Staat seine Kontrolle über Verfügbarkeit und Reinheit von Drogen auf.

Nicht die Wirkung der Drogen ist das Problem, sondern die repressive Drogenpolitik schafft Probleme. Die überwiegende Zahl der Drogenkonsumenten lebt ein normales Leben. Selbst abhängige Konsumenten bleiben oftmals sozial integriert. Menschen mit problematischem Drogenkonsum brauchen Hilfe. Die Strafverfolgung hat für sie und alle anderen nur negative Folgen.

2. Der Zweck der Prohibition wird systematisch verfehlt.

Prohibition soll den schädlichen Konsum bestimmter Drogen verhindern. Tatsächlich kann sie dieses Ziel nicht erreichen. Das zeigen alle wissenschaftlich relevanten Untersuchungen. Sogar die Evaluation des 10-Jahres-Programms der UNO zur Drogenbekämpfung kommt im Jahr 2008 zu diesem Schluss. Prohibition schreckt zwar einige Menschen ab, verhindert aber Aufklärung und vergrößert gleichzeitig dramatisch die gesundheitlichen und sozialen Schäden für diejenigen, die nicht abstinent leben wollen. Selbst in totalitären Regimen und Strafanstalten kann Drogenkonsum nicht verhindert werden.

3. Die Prohibition ist schädlich für die Gesellschaft.

Sie fördert die organisierte Kriminalität und den Schwarzmarkt.

Sie schränkt Bürgerrechte ein und korrumpiert den Rechtsstaat. Durch massive Machtanballung bei Kartellen und Mafia nimmt die Gefahr eines Scheiterns der Zivilgesellschaft zu. Stimuliert durch gigantische Profite aus dem Drogenschwarzmarkt, entstehen veritable Kriege zwischen Drogenkartellen und in Reaktion darauf sowohl eine Quasi-Militarisierung der Polizei als auch quasi-polizeiliche Funktionen des Militärs. Auch dadurch erodieren staatliche Grundstrukturen.

Sie hat desaströse Auswirkungen auf Anbau- und Transitländer.

Sie behindert eine angemessene medizinische Versorgung.

4. Die Prohibition ist unverhältnismäßig kostspielig.

Die Bürger werden Opfer der Beschaffungskriminalität.

Jedes Jahr werden Milliardenbeträge für die Strafverfolgung aufgewendet, welche sinnvoller für Prävention und Gesundheitsfürsorge eingesetzt werden könnten.

Der Staat verzichtet auf Steuereinnahmen, die er bei einem legalen Angebot hätte.

5. Die Prohibition ist schädlich für die Konsumenten.

Konsumenten werden diskriminiert, strafrechtlich verfolgt und in kriminelle Karrieren getrieben. Weil es sich um »opferlose« Kontrolldelikte handelt, welche lediglich proaktiv – und damit Unterschichtangehörige und Migranten benachteiligend – verfolgt werden.

Es gibt keinen Verbraucher- und Jugendschutz. Riskante Konsumformen werden gefördert und die Konsumenten werden gefährlichen Krankheiten ausgesetzt (zum Beispiel AIDS, Hepatitis C).

Normales jugendliches Experimentierverhalten wird kriminalisiert und das Erlernen von Drogenmündigkeit erschwert. Junge Menschen werden dauerhaft stigmatisiert und ihre Lebenschancen werden gemindert.

C. Fazit

Der Staat darf die Bürger durch die Drogenpolitik nicht schädigen. Es ist deshalb notwendig, Schaden und Nutzen der Drogenpolitik unvoreingenommen wissenschaftlich zu überprüfen.

Als Kriminalwissenschaftler fühlen wir uns in besonderem Maße verantwortlich für die Einhaltung strafrechtstheoretischer Prinzipien und für die Zurückhaltung des Staates in der Anwendung der Ultima ratio gesellschaftlicher Steuerung.

Deshalb appellieren wir an die Abgeordneten des Deutschen Bundestages, nicht nur dem Fraktionszwang zu folgen, sondern auch ihrer individuellen Verantwortung.

Für den Initiativkreis: Prof. Dr. L. Böllinger

Petition an den Deutschen Bundestag[19]

Der Deutsche Bundestag möge beschließen, dass die Bundesregierung Maßnahmen ergreift, damit die Kosten einer Behandlung mit Medikamenten auf Cannabisbasis bezahlt werden.

Der Bundestag möge zudem beschließen, dass Strafverfahren gegen Patientinnen und Patienten im Zusammenhang mit einer durch einen Arzt bescheinigten notwendigen medizinischen Verwendung von Cannabisprodukten grundsätzlich eingestellt werden.

Begründung
Patientinnen und Patienten, die von einer Behandlung mit Medikamenten auf Cannabisbasis profitieren, sollten unabhängig von ihren wirtschaftlichen Verhältnissen einen Zugang zu Cannabisprodukten erhalten.

Die inhumane strafrechtliche Verfolgung von kranken Bundesbürgern, die mit Unterstützung ihrer Ärztin beziehungsweise ihres Arztes eine Selbsttherapie mit Cannabis durchführen, muss beendet werden. So würden sowohl die

Therapiefreiheit als auch die Menschenrechtssituation kranker Menschen in Deutschland spürbar verbessert.

In Deutschland können drei Medikamente auf Cannabisbasis auf einem Betäubungsmittelrezept verschrieben werden. Zudem besteht die Möglichkeit einer Ausnahmeerlaubnis durch die Bundesopiumstelle zur Verwendung von Medizinal-Cannabisblüten aus der Apotheke. In beiden Fällen müssen die Betroffenen die häufig nicht unerheblichen Behandlungskosten meistens selbst tragen.

Daher sind vermögende Patientinnen und Patienten in Deutschland hinsichtlich der Möglichkeiten der medizinischen Nutzung von Cannabisprodukten deutlich besser gestellt als weniger vermögende Patientinnen und Patienten. Es besteht in diesem Bereich eine Zweiklassenmedizin und eine medizinische Unterversorgung. Hundertausende von Bürgerinnen und Bürgern sind heute mangels erschwinglicher Alternativen gezwungen, sich illegal mit Cannabisprodukten selbst zu therapieren.

In anderen Ländern wurden unterschiedliche Lösungen für dieses Problem gefunden. So erstatten viele Krankenkassen in den Niederlanden eine Behandlung mit Cannabisblüten. In Israel und Kanada sind die Preise für Cannabisprodukte wesentlich niedriger als in Deutschland. In Spanien ist der Anbau von Cannabis für den Eigenbedarf erlaubt.

Wenn man eine ärztlich befürwortete Selbsttherapie nicht legalisieren möchte, so sollte wenigstens der § 31 des Betäubungsmittelgesetzes, nach dem bereits heute ein Strafverfahren eingestellt werden soll, wenn nur eine »geringe Schuld« vorliegt, sinnvoll erweitert werden. Bisher wird von einer geringen Schuld nur ausgegangen, wenn es um den Besitz einer kleinen Cannabismenge geht. Patientinnen und Patienten, die sich mangels Alternativen selbst therapieren, besitzen jedoch notwendigerweise häufig erhebliche Cannabismengen und sind zudem Wiederholungstäter. Es sollte Ärztinnen und Ärzten erlaubt sein, Empfehlungen für eine Selbsttherapie mit Cannabisprodukten auszusprechen, und Strafverfahren gegen Patientinnen und Patienten mit einer solchen ärztlichen Empfehlung sollten ebenfalls grundsätzlich eingestellt werden.

Internationale Vergleiche mit Ländern wie Kanada und Israel zeigen, dass die Versorgung der deutschen Bevölkerung mit Medikamenten auf Cannabisbasis unzureichend ist. Das mit der unhaltbaren gegenwärtigen Situation verbundene körperliche und seelische Leid durch unzureichend behandelte schwere Krankheitssymptome beziehungsweise eine andauernde Angst vor Strafverfolgung darf nicht ohne Not fortgesetzt werden.

Anmerkungen

Alle Links zu Webseiten wurden zuletzt am 18. Mai 2014 geprüft.

1. Mehr über die Interessen und Aktivitäten von Hearst und Dupont, den Rohstoff Hanf zum Verschwinden zu bringen, in: Bröckers/Herer: *Die Wiederentdeckung der Nutzpflanze Hanf*, Frankfurt 1993, 42. Auflage Solothurn 2013.
2. https://www.youtube.com/watch?v=54xWo7ITFbg
3. http://www.zeit.de/wissen/gesundheit/2014-02/cannabis-kiffen-tod-marihuana-rechtsmedizin
4. http://www.zeit.de/politik/deutschland/2014-04/legalisierung-cannabis-grundrecht
5. *Cannabis und Führerschein*, Solothurn 2014.
6. http://www.spiritscienceandmetaphysics.com/20-medical-studies-that-prove-cannabis-can-cure-cancer/
7. http://www.cannabis-med.org/studies/study.php
8. *The Economist*, »Reefer Madness«, 27. 4. 2006.
9. http://www.leafscience.com/2014/01/29/common-uses-medical-Marihuana/
10. Vgl. Kleiber/Soellner: *Cannabiskonsum: Entwicklungstendenzen, Konsummuster und Risiken*, Weinheim 1998; Inserm (Institut national de la santé et de la recherche médicale): *Cannabis: Effects of consumption on health*, Paris 2001 ; Annette Duwe, Jutta Schumann, Heinrich Küfner: Deviantes Verhalten und späterer Drogenkonsum, in: *Suchtmedizin*, 3, 2001.
11. Dieter Kleiber, Karl-Artur Kovar: *Auswirkungen des Cannabiskonsums*, Stuttgart 1997.
12. http://assembly.coe.int/nw/xml/XRef/X2H-Xref-ViewHTML.asp?FileID=9208&lang=EN
13. https://www.cducsu.de/presse/pressemitteilungen/keine-legalisierung-von-cannabis-0; alle folgenden Zitate ebd.
14. *Cannabis Mythen – Cannabis Fakten*, Solothurn 2004.
15. Glenn Greenwald: *Drug Decriminalization in Portugal*, Washington 2009.
16. http://hanfverband.de/index.php/themen/drogenpolitik-a-legalisierung/1525-die-prohibitionsuhr
17. http://www.chanvre-info.ch/info/de/Info-uber-Cannabinoide.html
18. Im April 2014 haben 122 Professorinnen und Professoren des Straf-

rechts an deutschen Universitäten diese Resolution unterzeichnet. Die Liste findet sich unter: http://goo.gl/vCbEZc

19. Ebenfalls im April 2014 haben Dr. med. Franjo Grotenhermen von der »Arbeitsgemeinschaft Cannabismedizin« und andere (http://cannabis-medizin-petition.de/die-petition/) diese Petition an den Deutschen Bundestag eingereicht.

Literatur

Mathias Bröckers (Hg.), Jack Herer: *Die Wiederentdeckung der Nutz-pflanze Hanf – Cannabis – Marihuana*, Zweitausendeins 1993, 42. Auflage Nachtschatten Verlag 2013

Mathias Bröckers: *Die Drogenlüge – Warum Drogenverbote den Terrorismus fördern und Ihrer Gesundheit schaden*, Westend Verlag 2010

Mathias Bröckers (Hg.), Lynn Zimmer, John P. Morgan, *Cannabis Mythen; Cannabis Fakten – Eine Analyse der wissenschaftlichen Diskussion*, Nachtschatten Verlag 2005

Franjo Grotenhermen: *Die Behandlung mit Cannabis und THC: Medizinische Möglichkeiten, Rechtliche Lage, Rezepte, Praxistipps*, Nachtschatten Verlag 2012

Lester Grinspoon, James Bakalar: *Marihuana – Die verbotene Medizin*, Zweitausendeins 1994

Martin A. Lee: *Smoke Signals – A Social History of Marihuana*, Simon & Schuster, 2012